W0173101

Wie ich Günther Jauch schaffte

Hermann Bausinger

Wie ich Günther Jauch schaffte

13 Zappgeschichten

KLÖPFER&MEYER

Autor und Verlag danken dem Förderverein Schwäbischer Dialekt e.V.
sowie der Stadt Reutlingen für die großzügige Förderung des Buches.

ISBN 978-3-86351-020-6

Umschlaggestaltung: Christiane Hemmerich
Konzeption und Gestaltung, Tübingen.
Herstellung: Horst Schmid, Mössingen.
Satz: CompArt, Mössingen.
Druck und Einband: Pustet, Regensburg.

Mehr über das Verlagsprogramm von Klöpfer & Meyer
finden Sie unter *www.kloepfer-meyer.de*

In *guten Büchern* gibt es keinen Fernseher. Oder er bleibt ausgeschaltet. Ihre Verfasser geben so zu verstehen, dass nicht nur die Monitore immer flacher werden, sondern auch das, was auf dem Bildschirm zu sehen ist: nichts, was in die Tiefe reicht, belanglose Spielereien nur, weit weg vom *richtigen Leben*.

Dies ist kein *gutes Buch*. Ständig sind in den Geschichten – erfundenen wahren Geschichten – Fernseher eingeschaltet. Und sie spiegeln nicht nur Realität, sondern mischen sie auch auf. Das Fernsehen greift ein in den Alltag. Wie im *richtigen Leben*.

Wie ich Günther Jauch schaffte

Ich hatte Glück. Vor mir hatte eine Dame den heißen Stuhl erreicht und die ersten Fragen in raschem Tempo, ohne Überlegungspausen, beantwortet – soweit ich sehen konnte, mit einem spöttischen Lächeln über die läppischen Formulierungen. Das problemlose und schnelle Vorrücken gab ihr ein Gefühl der Sicherheit, das sie auch dann nicht verließ, als sie zum ersten Mal nicht in prompter Reaktion den richtigen Buchstaben nannte, sondern vor einer wirklichen Entscheidung stand. *Auf dem Theater sieht man manchmal Goethes – a) Kopf, b) Hand, c) Fuß, d) Faust.* Das war die Frage. Kopf und Fuß könne sie ausscheiden, sagte die Dame. Günther Jauch, sichtlich zufrieden, dass der Durchmarsch gebremst war, folgerte: *Bleiben also Hand und Faust.* Ja, meinte die Dame, sie gehe nicht so oft ins Theater, aber beides komme ihr bekannt vor. Jauch schlug ihr vor, den 50-50-Joker zu nehmen; vielleicht ergebe sich so – aber sie wehrte energisch ab: sie wolle nicht jetzt schon ihr Kapital verschleudern. Jauch sagte etwas von hohem Risiko, wenn sie keinerlei Anhaltspunkt habe. Sie meinte: doch, den glaube sie jetzt zu haben, sie kenne auch das betreffende Stück. *Na dann*, sagte Jauch – wie das Stück denn heiße. Sie zögerte einen Moment; dann sagte sie, wieder ganz sicher geworden: *Götz von Berlichingen*. Aus dem Publikum hörte man leichtes Kichern, und Jauch sagte zu der Dame, der Körperteil, an den sie jetzt denke, stehe aber gar nicht zur Wahl. Doch sie war auf einer anderen Fährte: Es müsse die Hand sein, sagte sie. *Warum die Hand?* fragte Jauch. Es sei vor allem ihr Bauchgefühl, sagte die Dame, das lasse sie eigentlich nie im Stich. Jauch meinte, es komme doch eigentlich auf Goethes Bauchgefühl an – *Ja eben*, rief sie aus, jetzt habe sie das Bild direkt vor Augen: den Ritter mit der eisernen Hand. Ob es denn nicht auch eine eiserne Faust sein könne, fragte Jauch – eine Bemerkung, die zwar das richtige Stichwort enthielt, aber nicht vom falschen Theaterstück wegführte. Die Kandidatin jedenfalls hielt die Intervention nur für ein Störmanöver, sie beharrte auf der Hand. *Antwort b*, sagte sie, damit war sie aus dem Rennen, und eine neue Runde begann.

Ich hatte Glück. Die Aufgabe war, Songs der Band *Tokio Hotel* in die richtige zeitliche Reihenfolge zu bringen. Ich streifte mit einem schnellen Blick die Titel – *Der letzte Tag, Room 483, Schrei so laut Du kannst,*

Durch den Monsun. Ich hatte keine Ahnung, und das gab mir die Chance, ziemlich willkürlich die Tasten zu drücken: *b – d – a – c*. Es war die korrekte Folge. Außer mir hatten noch drei Andere richtig getippt, alles jüngere Leute, die sich auskannten. Aber eben deshalb hatten sie länger gebraucht.

Günther Jauch fragte mich als erstes, ob ich nur geraten oder gezielt gedrückt hätte. *Gezielt!*, sagte ich; das war nicht ganz gelogen, denn immerhin war mir durch den Kopf gegangen, dass die Lieder wohl kaum in der richtigen Reihenfolge angeführt würden – deshalb also *a* nicht am Anfang und *d* nicht am Ende. Mehr Überlegung war nicht; aber ich hatte das *Gezielt!* offenbar so bestimmt gesagt, dass Jauch Tokio Hotel Tokio Hotel sein ließ – wahrscheinlich auch, weil er in der vorgegebenen Sendezeit nach der vorausgegangenen Pleite noch einen Gewinner präsentieren wollte. Mich.

Immerhin fragte er erst noch nach meinem Beruf. Er beließ es bei meiner knappen Antwort, obwohl auf seinem Kärtchen – das hatte ich gesehen – eine ganze Reihe zusätzlicher Notizen hatte. Seine zweite Frage betraf meinen Wohnort. Ich setzte zu einer eingehenden Schilderung der landschaftlichen Schönheiten an, er stimmte mir lebhaft zu, um meine Bemerkungen abzukürzen, ich sagte, dass ich die Details auch deshalb erwähne, weil ich die Absicht hätte, ein

Zehntel meines Gewinns für den Ausbau eines Rund-
wanderwegs zu stiften. Das irritierte ihn offensichtlich: Es mache ja doch einen gewaltigen Unterschied,
ob es sich bei diesem Zehntel um 50 oder um 1.000
oder gar um 100.000 Euro handle. *Ja sicher*, sagte ich,
aber es gebe ganz verschieden dimensionierte Pläne für
den Rundweg, und es sei durchaus ein Vorzug, wenn
man verschiedene Möglichkeiten in Erwägung ziehen
könne. Anders verhalte es sich mit meinen anderen
Absichten; da sei ich so von der oberen Mittellage aus-
gegangen, meine Frau wünsche sich zum Beispiel eine
neue Einbauküche, mein Sohn brauche dringend ein
neues Auto, und eine meiner Töchter – Jauch unterbrach mich: Es sei nicht unbedingt angebracht, das Fell
zu verteilen, ehe der Bär erlegt sei, und ob er denn nun
die erste Frage stellen dürfe. Das Publikum lachte; ich
sagte ganz ernsthaft und höflich, das sei selbstverständlich gestattet, und deshalb sei ich ja eigentlich hier.

Auf dem Monitor erschien die erste Frage, und Jauch
las vor, im Eiltempo, weil er offenbar bei dieser Aufgabe
sorgfältiges Akzentuieren für Zeitverschwendung hielt:
*Lindwurm ist – a) ein Aal, b) ein Teil des menschlichen
Darms, c) ein Drache, d) eine süddeutsche Mehlspeise.* Jauch
sah mich erwartungsvoll an. *Lindwurm*, sagte ich, *Lindwurm. Ich habe das schon gehört. Oder gelesen.* Ich nahm
einen Schluck Wasser, stützte mit der linken Hand wie

Rodins Denker mein Kinn und schaute angestrengt geradeaus. Jauch durchbrach das Schweigen ziemlich schnell – ich wisse doch sicher den Zusammenhang, in dem mir das Wort begegnet sei. *Ja*, sagte ich, *das heißt nein.* Ob ich, nachdem ich unsicher sei, nicht bestimmte Antworten ausschließen könne. *Kennen Sie denn eine Mehlspeise, Pasta, die man als Lindwurm bezeichnet? – Nein*, sagte ich, das sei wohl eine falsche Spur; als Süddeutscher könne ich das behaupten. Anders sei es mit dem Aal, der ja doch an der Nordsee – *Lind*, sagte ich, *lind*; ich sei zwar einmal auf Büsum gewesen, *sehr sehr schön, und viel billiger als Sylt, und wesentlich ruhiger.* Ob ich denn auf Büsum einen linden Aal gegessen habe, fragte Jauch. Ich wehrte ab: Diese Fische – *sind es überhaupt Fische?* – seien mir viel zu fett erschienen. *Also nicht lind?* sagte Jauch, und ich sah, dass er ungeduldig wurde. *Nein, ja, nicht lind. Ich glaube, a) kann ich ausschließen.*

Jauch nickte und bewegte beide Hände, um mich zu einer Entscheidung zu ermuntern. Ich schwieg. *Gut*, sagte er schließlich, *bleiben also b und c: Darm und Drache.* Er gab mir ein paar Sekunden Zeit, dann sagte er betont freundlich, aber so, dass ein fast drohender Unterton deutlich war, wenn ich gar keine Ahnung habe, dann empfehle er mir einen Anruf; und ohne meine Reaktion abzuwarten, fragte er, wer denn dafür in Frage komme. *Meine Tante*, sagte ich ohne Zögern. *Ihre Tante*, wiederholte er. Er musterte mich auffällig, dann fragte er: *Wie alt ist denn Ihre Tante?* – *93*, sagte ich. Ob sie denn in den fraglichen Bereichen oder wenigstens in einem davon besonders bewandert sei, also in der Mythologie oder der Medizin. *Nein*, sagte ich, aber sie habe eine große Lebenserfahrung. Es sei meine Entscheidung, aber unter meinen Telefonadressen sei doch auch ein Arzt. *Ja schon*, sagte ich, aber der sei kein Internist. Jauch saß einen Moment da mit halb geöffnetem Mund, ehe er einwandte, dass doch wohl auch ein Dermatologe oder ein Orthopäde etwas vom Darm verstehe. Ich widersprach: Er unterschätze ganz offensichtlich die hochgradige Spezialisierung; mir seien Mikrobotaniker begegnet, die einen Löwenzahn nicht mehr von einer Kornblume unterscheiden können, Mathematiker, die über den Finessen der sphärischen Geometrie das kleine Einmaleins verlernt hätten, Mittelalterhistoriker, für die Napoleon – Jauch hatte inzwischen die Taste für den Telefonanruf gedrückt; man hörte das Freizeichen, und dann meldete sich mit brüchiger Stimme meine Tante. Ich las die Fragen vor; die süddeutsche Mehlspeise wiederholte ich zwei Mal, weil sie nicht verstand; Jauch unterbrach mich: diese Frage sei doch erledigt, das Sekundenwerk lief – noch 5, 4, 3 – ganz am Ende rief sie: *Ich glaube Drache.*

Na also, sagte Jauch, *gerade noch gut gegangen* – sichtbar bereit, die Antwort zu akzeptieren. Ich schüttelte bedächtig den Kopf: *Ich glaube, hat sie gesagt.* Das könne doch einfach eine gängige Wendung gewesen sein, die nichts besage; es habe doch eigentlich recht überzeugt und überzeugend geklungen, meinte Jauch. Ich schüttelte den Kopf: *Ich weiß nicht* – und mir gehe eben doch das Darmteil im Kopf herum. *Lindwurm, Lindwurm – aber heißt das nicht Blindwurm? Oder doch Lindwurm? Nein, Blindwurm.* Jauch nahm nun die Initiative an sich: In dieser Situation gebe es nur die Möglichkeit, das Publikum zu fragen – er rechne mit einer nahezu einstimmigen Äußerung. Und ohne mich noch einmal einzuschalten, las er die vier Möglichkeiten vor, blickte gespannt ins Publikum und dann auf den großen Monitor, auf dem sich große Blöcke – nein, eigentlich nur ein großer Block aufbaute: der Drache mit immerhin fast 90 Prozent der Voten. *88 Prozent der Anwesenden und Ihre Tante sind für Drache,* sagte Jauch, machte eine Pause und sah mich an, weil er damit rechnete, dass ich auf diese gesicherte Linie einschwenke. Ich schwieg. *Antwort c) Drache?* fragte Jauch, *einlochen?* Ich schwieg. Jauch sah demonstrativ auf seine Uhr. Es tue mir leid, sagte ich, aber Mehrheitsentscheidungen taugten bei Wissensfragen wenig, und für mich stehe immer noch das innere Organ, der Teil des Darms zur Debatte.

Lindwurm, Lindwurm, wiederholte ich; *oder doch Blindwurm?* Jauch sah erneut auf seine Uhr, und dann setzte er sich über eine elementare Spielregel weg und fragte: *Könnte es nicht sein, dass Sie den Blinddarm meinen?* Ich schlug mir mit der Hand an die Stirn, schüttelte den Kopf über mich und sagte schnell: *Antwort c) ein Drache.*

Günther Jauch atmete hörbar auf und sagte einen Satz, in dem mehrfach das Wort *zügig* vorkam, aber dann stoppte er selbst noch einmal ab und fragte mich: *Wissen Sie, dass Sie ganz knapp an einem Rekord vorbeigeschrammt sind?* Es komme zwar immer wieder vor, dass jemand ohne Gewinn nach Hause gehe, aber gleich bei der ersten Frage sei, wenn er sich recht erinnere, noch nie jemand gescheitert. *Zweite Frage also,* sagte er – aber ich reagierte erst noch auf seine Bemerkung: Ich sähe seine Sendung nicht jedes Mal, *Tatort* und *SOKO* und so seien einfach spannender (er setzte zu einer Erwiderung an, schwieg aber dann), doch oft genug hätte ich die Sendung gesehen, um zu wissen, dass manchmal am Anfang ganz erhebliche Schwierigkeiten auftauchten, während die Kandidaten oder Kandidatinnen danach souverän durch die Gewinnstufen marschierten und oft ziemlich weit oben landeten. *Ihr Wort in Gottes Ohr!* sagte Jauch; es klang ein wenig ironisch, aber doch auch so, als wolle er mir und sich selber Mut machen. Dann sagte er erneut: *Zweite Frage,* und mit großer Eile las er die vier angebotenen Antworten ab:

Wer andern eine Grube gräbt – macht aus der Not eine Tugend, – fällt selbst hinein, – geht auf keine Kuhhaut, – hat kurze Beine. Bei der Vorbesprechung waren wir aufgefordert worden, möglichst laut zu denken, um die Zuhörer an der Überlegung zu beteiligen. Ich hielt mich daran, obwohl Jauch – das war deutlich zu sehen – mit einer kurzen und schnellen Antwort rechnete. *Wer andern eine Grube gräbt,* wiederholte ich bedächtig, und ich wiederholte auch, langsam abwägend, alle vier Optionen. Jauch verdrehte die Augen, Signal für das Publikum, dass er mit so viel Ignoranz nie gerechnet hätte; ein paar fahrige Handbewegungen verrieten seine eigene Nervosität. Ich ließ mich nicht aus der Ruhe bringen. Die Kuhhaut, sagte ich, könne man wohl ausschließen – *obwohl,* sagte ich, als ginge mir eine einleuchtende Verbindung von Grube und Kuhhaut durch den Kopf. Aber Jauch wollte das Heft in der Hand behalten. *Gut,* sagte er, *also c) scheidet aus. Was ist mit a) macht aus der Not eine Tugend? – Hm,* ich schob eine Überlegungspause ein – *eigentlich,* sagte ich dann, *eigentlich trifft das ja zu.* Jauch war ehrlich erstaunt. *Inwiefern trifft das zu?* fragte er, nicht ohne dem Publikum zu erkennen zu geben, dass er dieses ganze Hin und Her für höchst überflüssig halte. Ich setzte zu einer längeren Erklärung an: Ganz abgesehen davon, dass das Grubengraben gar nicht so verbreitet sei, grabe man ja wohl nicht einfach so eine Grube, nicht ohne Not; allerdings könne man sicher darüber streiten, ob man Grubengraben und zumal Grubengraben für andere als Tugend betrachten dürfe. Im übrigen gehe aus der Formulierung gar nicht eindeutig hervor, ob es sich darum handle, dass jemand stellvertretend für einen andern das Grubengraben übernimmt oder ob die Grube für jenen andern gedacht sei.

Günther Jauch stutzte einen kleinen Moment, weil dieser Einwand, ging man nur von der gegebenen Formulierung aus, nicht beiseite zu wischen war. Aber dann meinte er vorwurfsvoll, es handle sich schließlich um eine sprichwörtliche Redensart, und gefragt seien nicht philosophische Meditationen über das Graben von Gruben, gefragt sei allein die bekannte Formulierung des Sprichworts. *Ja sicher*, sagte ich, *wenn man's kennt...* Jauch schüttelte den Kopf, ärgerte sich aber wohl selbst über diese Geste, die er sich als Moderator eigentlich verboten hatte; deshalb kam die nächste Bemerkung in ausgesprochen rücksichtsvollem Ton. Er nahm mich jetzt gewissermaßen an der Hand – nun ja, wenn mir das Sprichwort nicht bekannt sei, dann müsse ich wohl zur Abkürzung den letzten Joker opfern, um nicht in die Irre zu gehen; vielleicht ergebe sich ja, wenn die Hälfte der Antworten wegfalle, eine Konstellation, die eine sichere Entscheidung erlaube. Ich machte rasch noch einige grundsätzliche Bemerkungen über die fragliche Treffsicherheit solcher Wahrscheinlichkeitsarrangements, stimmte dann aber zu.

Jauch, einigermaßen erleichtert, setzte die 50-50-Prozedur in Gang. Die Kuhhaut verschwand, und auch Not und Tugend verschwanden. Die Alternative, die blieb: *fällt selbst hinein* und *hat kurze Beine*. Jauch war zufrieden. *Na also*, sagte er, und weil ich schwieg, fügte er hinzu: *b) oder d)?* Ich kratzte mich am Kopf und gab auch mit meinem Gesichtsausdruck zu verstehen, dass ich dies für ein schwieriges, ja eigentlich unlösbares Problem halte. Jauch konnte sich aus dieser demonstrierten Unsicherheit keinen Reim machen. – *fällt selbst hinein*, – *hat kurze Beine*, wiederholte er, wobei er die kurze Beine in der Betonung deutlich herunterspielte. *Ich glaube*, sagte ich, *ich glaube* – dann zögerte ich. *Sie glauben*, sagte Jauch fordernd: *Was glauben Sie denn?* – *Ich glaube, dass sich auf dieser Basis eine vernünftige Entscheidung nicht fällen lässt.* Jauch starrte mich an. Es war zu merken, dass er resignierte. Er war bereit, jetzt den Dingen ihren Lauf zu lassen, wohin auch immer. *Dann bleibt Ihnen nichts anderes übrig, als eine unvernünftige Entscheidung zu fällen. Die Joker sind weg, Sie kennen das Sprichwort nicht, also: Risiko…* Ich nickte, sagte aber, ich sei noch am Überlegen, ob man das Risiko nicht minimieren könne; Sprichwörter hätten ja doch den Anspruch, eine vernünftige Botschaft zu übermitteln. *Das ist richtig*, sagte Jauch. Er war bleich geworden, und er sagte eine ganze Zeit lang nichts mehr. Ich sagte auch nichts. Dann wurde er unruhig, schaute auf die Uhr und sagte streng: *Sie müssen sich jetzt entscheiden.*

Ich fuhr mit den offenen Handflächen auf und ab, als hätte ich zwei gleich schwere Gewichte auszubalancieren, dann sagte ich langsam: *Antwort d) hat kurze Beine.* Das Publikum, eigentlich angehalten, bis zum Abschluss einer Fragerunde mäuschenstill zu sein, reagierte mit bedauernden Ooh-Rufen und zum Teil auch mit Gelächter. Jauch hatte die Antwort akzeptiert, sie war mit gelber Farbe unterlegt. Aber ehe er an die Auflösung ging, wandte er sich mir zu: *Das müssen Sie erklären!* – Ich sagte, dass ich mir den Sachverhalt lebhaft vorgestellt habe. *Welchen Sachverhalt?* fragte Jauch. *Das Graben einer Grube. – Gut. Und da haben Sie die kurzen Beine vor sich gesehen? – Ja.* Und wieder Jauch: *Das müssen Sie erklären!* Ich erläuterte zunächst, dass man beim Grubegraben ja eigentlich ausgesprochen vorsichtig vorgehe, dass es nur ein Stummfilm- und Comedy-Gag sei, wenn jemand in die Grube falle, dass die Sprichwörter aber zu einer älteren Tradition gehörten; deshalb sei die Antwort b) *fällt selbst hinein* extrem unwahrscheinlich, eigentlich unmöglich. *Aha,* sagte Jauch. *Und die kurzen Beine? – Die sehe ich vor mir, oder vielmehr: ich sehe sie nur teilweise.* Jauch blickte mich fassungslos an. Ich sah, dass er nach dem Personal-kärtchen schielte, auf dem mein Beruf, mein Wohn-ort, mein Alter vermerkt waren und wo an sich auch irgendwelche Besonderheiten hätten notiert sein müs-sen. *Sie sehen die kurzen Beine nur teilweise?* fragte Jauch nach. *Ja,* sagte ich, *sie verschwinden hinter der aufge-häuften Erde und erscheinen dadurch kurz.*

Günther Jauch beendete die Hängepartie schnell; mit Grün unterlegt war nicht mein Feld, sondern das andere. Ich war ausgeschieden. Jauch reichte mir flüch-tig die Hand; kein tröstendes Wort, wie er es noch für die Dame vor mir gefunden hatte, kam ihm über die Lippen; er sah noch einmal auf die Uhr und bewegte sich zum Ausgang. Die Kamera schwenkte etwas planlos auf den Kreis der verbliebenen und nicht zum Zug gekommenen Kandidaten, dann erst ertönte die Schluss-Sirene, und anschließend sah man auf dem großen Monitor Thomas Gottschalk gleich dreimal hintereinander nach Gummibärchen tauchen – offen-bar ein Versuch, die Zeit bis zur nächsten Sendung zu überbrücken, da der Zeitplan durcheinander geraten war.

Am andern Morgen erhielt ich einen Anruf von RTL. Eine Dame fragte mich sehr freundlich, ob ich damit einverstanden sei, dass die gestrige Sendung noch einmal ausgestrahlt werde. Herr Jauch sei erkrankt und daher nicht in der Lage, am Freitag zu moderieren; die Sendeleitung könne aber die Sendung nicht streichen und wolle sie auch nicht einem anderen Moderator überlassen, und so sei man auf die Idee einer kurzfristigen Wiederholung gekommen – wozu man allerdings die Zustimmung der Hauptbeteiligten brauche. Ich sagte, dass ich mir das durch den Kopf gehen lassen müsse, ich sei ja schließlich – finanziell und auch sonst – nicht gut weggekommen. Die Dame meinte, es sei aber doch eine einmalige Chance, innerhalb weniger Tage zwei Mal auf dem Bildschirm zu sein, und erfahrungsgemäß sei die Zuschauerquote freitags noch weit höher. Aber ich könne es mir selbstverständlich überlegen; allerdings müsse heute noch eine Entscheidung getroffen werden. Sie gab mir eine Telefonnummer und nannte ihren Namen. Als ich bis zum Spätnachmittag nicht zurückgerufen hatte, meldete sich erneut die Abteilung Unterhaltung des RTL. Ich wurde mit dem Abteilungsleiter vermittelt, der sich jovial gab: Er habe die Sendung selbst gesehen, das sei ja köstlich gewesen, *ganz köstlich*, und die Idee der Wiederholung sei ihm selbst gekommen, und es wäre doch eine wunderbare Sache für mich, wenn – und natürlich wäre es nicht umsonst, schließlich sei durch mich eine Menge eingespart worden gestern, sagte er und lachte, also er denke an 50.000 Euro, das sei ja doch ein faires Angebot, *also überlegen Sie nicht mehr lange...*

In diesem Moment – in diesem Moment tat es mir zum ersten Mal leid, dass die ganze Geschichte nicht wahr ist.

Champions League

So ein runder Geburtstag sei eigentlich ja nichts Besonderes, hatte der Chef zu ihm gesagt; schließlich sei es kein Verdienst, 60 zu werden. Er nickte, merkte aber eben noch rechtzeitig, dass seine Zustimmung nicht zu beflissen ausfallen dürfe; er suchte nach Gegenargumenten: Dass es ja schon Beachtung verdiene, wenn der Chef –, dass es ja doch die Station einer langen Wegstrecke –, dass die Wünsche der ganzen Belegschaft –, aber noch ehe er etwas sagte, schwenkte der Chef auf diese Linie ein. Man müsse natürlich schon bedenken, dass auch einige Vertreter der Verwaltung und wichtige Leute aus dem Kundenkreis geladen seien, da sei es mit Bier und Bockwurst und auch mit einem großen Büffet nicht getan. Die Unternehmenskultur – seit dem letzten Industrie- und Handelstag war das für ihn das Wort des Jahres – die Unternehmenskultur müsse schon auch in einigen Darbietungen zum Ausdruck gebracht werden. *In aller Bescheidenheit*, fügte er hinzu. Aber nach diesem

Gespräch war klar, dass der Chef ein üppiges Fest erwartete.

In groben Zügen hatte man schon eine Vorstellung davon entwickelt; aber nun mussten Einzelheiten festgelegt und die Rollen verteilt werden. Die Besprechung war auf 19 Uhr angesetzt; da konnte man sicher sein, dass das Haus und vor allem das Chefzimmer leer war. Die Zeit drängte; er hatte zuerst einen anderen Tag vorgeschlagen, aber es war schwierig, einen Termin zu finden, an dem alle frei waren. Und er konnte sich auch nicht drücken, weil er natürlich ins Programm eingebunden war. Da er die Sitzung möglichst kurz halten wollte und sich auf längere Diskussionen nicht einließ, landeten mehr Aufgaben bei ihm als bei den andern, sowohl was die ›Kultur‹ als auch was die Organisation anlangte. Aber er war zufrieden, dass er nach knapp zwei Stunden den Heimweg antreten konnte. *Perfektes Timing!* sagte er halblaut vor sich hin – und registrierte, dass er damit schon beim Fußball war, denn von Reportern hatte er diesen Begriff bei der Bewertung genau abgestimmter Spielzüge zum ersten Mal gehört. Er war aber schnell modisch geworden; seine Sekretärin lobte regelmäßig ihr Timing, wenn sie ein Schriftstück zum richtigen Zeitpunkt auf den Weg brachte.

Fußball: Heute ging es in eine entscheidende Runde der Champions League. Als die Besprechung im Betrieb noch nicht angesetzt war, hatte er versucht, an diesem Abend die Wohnung für sich zu reservieren. Das Ablenkungsmanöver hatte nicht geklappt, aber wenigstens hatte ihn seine Frau nicht durchschaut. Ob der Mittwoch, hatte er beiläufig zu ihr gesagt, nicht ein guter Termin wäre für die Gasthausrunde mit ihren Freundinnen, die sie schon so lange plane – ja, hatte sie gemeint, sie habe selbst schon daran gedacht; aber es klappe nicht: Die Christine habe wieder mal Elternabend, und außerdem wisse er doch, dass die Elisabeth in der Reha sei. Er musste also versuchen, das Problem auf andere Weise zu lösen.

Das Problem war entstanden durch den Auszug der Tochter an ihren Studienort; sie hatte das Fernsehgerät mitgenommen, das bis dahin die friedliche Verteilung der Familie vor zwei Bildschirmen erlaubt hatte, und da ihr Zimmer inzwischen vermietet war, gab es keinen vernünftigen Weg, die Wahlmöglichkeit durch einen Kauf wiederherzustellen. Die neue Situation forderte Kompromisse, die allerdings in der Regel leicht zu erreichen waren; die Geschmacksrichtungen des Paars drifteten nicht weit auseinander – mit einer Ausnahme: Er sah gerne gute Fußballspiele, und weil sich deren Niveau nicht wirklich vorhersagen ließ, wollte er ziemlich viele Spiele ansehen, während seine Frau daran überhaupt kein Interesse hatte.

Diesmal aber hätte er sich seine Strategien im Vorfeld sparen können, es gab glücklicherweise keine heikle Kollision. Der Film, den seine Frau sehen wollte, endete schon kurz nach neun Uhr, und er selbst konnte nach der Besprechung ohnehin nur auf die zweite Halbzeit reflektieren. Als er nach Haus kam, hatte seine Frau ihren Fernsehabend schon abgeschlossen; er legte den Mantel ab, griff nach der Fernbedienung und schaltete ein, holte rasch eine Scheibe Brot und eine Flasche Bier aus der Küche, richtete seinen Stuhl nach dem Fernseher aus und war gespannt auf den Zwischenstand. Es war Halbzeitpause, und zunächst unterhielten sich die auf die wichtigen Spiele abonnierten Experten. Immerhin, sagte Delling, habe man endlich mal wieder Tore gesehen, und Günter Netzer nickte: In der Tat, vier Tore in einer Halbzeit seien bei einem so entscheidenden Spiel eine Seltenheit; beide Mannschaften seien ja eher für eine starke Verteidigung bekannt. Die beiden konnten sich nicht darüber einig werden, ob eins der Tore ein Abseitstor war; Netzer meinte, egal ob Abseits oder nicht, der Torhüter hätte halten müssen, der Schuss sei zwar platziert, aber nicht scharf gewesen, das sei bei der Einspielung noch einmal ganz deutlich geworden.

Der Heimkehrer hatte diese Einspielung nicht gesehen, und mit leichter Nervosität registrierte er, dass man aus dem Gespräch über Tore, Torhüter und Stürmer nicht immer ablesen konnte, wo von den Spielern von Werder Bremen und wo von den Italienern die Rede war; es war kein Ergebnis eingeblendet, und wenn die Kommentare auch ganz zufrieden klangen – Siegesstimmung ließ sich daraus nicht unbedingt ableiten. Er schaute auf die Uhr; die zweite Spielhälfte musste gleich beginnen, und tatsächlich kamen die Spieler auch schon aus den Kabinen und postierten sich auf dem Platz. Schnell wechselte er noch ein paar Worte mit seiner Frau, um spätere Störungen zu vermeiden; dann streckte er die Beine aus, verschränkte die Arme und sah gebannt auf den Bildschirm, wo der Ball bereit lag und der Schiedsrichter im Begriff war, anzupfeifen.

Bremen hatte Anstoß. Nach einem kurzen Rückpass gab es eine weite Vorlage, nicht ungefährlich – aber die Bildführung war merkwürdig, die Regie blendete über zur Ehrentribüne, zeigte zunächst die deutschen Fußballfunktionäre, von denen die meisten seit Jahren oder gar Jahrzehnten im Begleitkader waren, und dann schwenkte die Kamera zu den Ehrenplätzen der Italiener, wo offenbar gerade erst der Provinzgouverneur eingetroffen war. Danach kam wieder das Spielfeld ins Bild; rechts unten wurde der Name des Reporters eingeblendet, aber links oben war – nichts, keine Angabe zum Spielstand. Der Reporter sprach, ähnlich wie die Kommentatoren, von der torreichen ersten Halbzeit und von der Hoffnung auf ein weiterhin hochklassiges Spiel. Er hörte das kopfschüttelnd; er hätte nun wirklich gerne einmal gewusst, wie es steht. Werder baute geschickt auf im Mittelfeld. Ein weiter Pass. Abseits? Nein, aber der Verteidiger der Italiener grätscht in den Stürmer: Foul, korrekt gepfiffen. Die Bremer legen den Ball zurecht, stehen zu dritt dabei, es ist nicht klar, wer schießen wird. Der Schiedsrichter sorgt noch für Ordnung im Strafraum, dann gibt er den Ball frei. In diesem Augenblick klingelt das Telefon.

Er geht auf den Gang, ruft seine Frau, sie nimmt den Hörer ab, und er wendet sich wieder dem Bildschirm zu. Kein Tor, das registriert er noch; dann hört er, wie seine Frau ihren Gesprächspartner begrüßt. Ihre Gesprächspartner*in*: Es ist die Frau seines Chefs. Er winkt ab, indem er die angewinkelten Arme hin und her bewegt; mit dem Mund formt er ein stummes *Nein*; er deutet auf den Bildschirm und macht eine noch energischere Armbewegung: definitive Ablehnung. Aber gleichzeitig hört er seine Frau sagen: *Doch, er ist da, gerade zurückgekommen.* Sie reicht ihm den Hörer; er nimmt ihn mit vorwurfsvoller Miene entgegen. Er zeigt auf den Fernseher und deutet mit einer Drehbewegung der Hand an, dass der Ton zurückgenommen werden muss; seine Frau geht zum Gerät –

und schaltet ab. Er tauscht über die Leitung die ersten Höflichkeitsformeln aus, geht aber gleichzeitig zum Fernseher, um ihn wieder einzuschalten. Doch dann fällt ihm ein, dass sich die Lautstärke erst regulieren lässt, wenn auch das Bild da ist, so dass mit einer empfindlichen Störung zu rechnen wäre. Er schaltet wieder ab und konzentriert sich nun auf das Gespräch – vor allem, um es kurz zu halten.

Aber da hat er die Rechnung ohne den Wirt gemacht. Heute Abend sei ja nun die Besprechung gewesen, sagt die Frau des Chefs. *Dann hat meine Frau also geplaudert*, sagt er, und die Verärgerung ist ihm anzumerken. Aber seine Gesprächspartnerin beschwichtigt: Nein, mit seiner Gattin habe sie darüber gar nicht gesprochen, ihr Mann habe es ihr gesagt. *Ach so*, sagt er, *eigentlich sollte* – er zögert einen kleinen Moment und überlegt, ob er *Ihr Gatte* sagen müsse, aber dann verweist er sich den Gedanken und fährt fort: Eigentlich hätte ihr Mann davon gar nichts wissen sollen, und für sich denkt er, dass sich einfach nichts geheim halten lässt, was die Sekretariate passiert. Ob man denn schon Nägel mit Köpfen gemacht habe, wird er gefragt. So ein Geburtstag sei ja an sich nichts Besonderes, aber nachdem offenbar auch Leute von der Stadt – *und sicher auch große Kunden*, schiebt er dazwischen; *ja, große Kunden*, bestätigt sie, und da sei es natürlich mit einem Büffet nicht getan. Das sehe er auch so, und der Arbeitskreis – mit diesem Ausdruck war er sehr zufrieden, weil er andeutete, dass die Überstunden kein reines Vergnügen waren – der Arbeitskreis habe deshalb auch Wert darauf gelegt, dass die Unternehmenskultur zur Geltung komme. *In aller Bescheidenheit*, fügt er hinzu, und sie sagt: *Das sieht mein Mann auch so.*

Aber damit fängt die Inquisition erst richtig an. Die Frau des Chefs betont, dass sie am liebsten gar nichts von den Plänen wüsste, dass sie sich um die Einzelheiten jedenfalls nicht kümmern könne – aber dann fragt sie wie nach einer Checkliste alle Positionen ab und kommentiert sie. Zustimmend in den meisten Fällen, aber immer wieder einmal auch mit Protest. Der Metzger zum Beispiel – ja, sie wisse, dass er zur alten Kundschaft gehöre, aber zu einem Gartenfest habe er das Spanferkel geliefert, das scheußlich nach Fischmehl geschmeckt habe, und seine Wurstwaren, das könne übrigens seine Gattin sicher bestätigen, seien nicht halb so frisch wie – und dann kommt eine andere Firma ins Spiel. Er atmet tief durch, gibt sich interessiert, hütet sich aber davor, einen Wechsel in Aussicht zu stellen, weil darüber schließlich der »Arbeitskreis« entscheiden muss. Nachdem der gastronomische Teil abgehandelt ist, kommt die Rede auf die Darbietungen, und er hofft, dass es hier bei pauschalen Feststellungen bleibt. Man habe sich einige Überraschungen ausgedacht, sagt er; es sei ja doch wichtig, dass nicht schon im Voraus alles bekannt werde.

Ja, sagt sie, mit Überraschungen habe man von vornherein gute Karten – und dann beginnt sie auch hier eine Liste abzuhaken: Wer denn die Begrüßung übernehme, und ob für die Geburtstagsrede jemand von außen gewonnen werde, sie habe zum Beispiel an den Direktor der Sparkasse gedacht, und sie sei überzeugt, dass er zusagen würde, sie habe sogar, ganz unverbindlich natürlich, schon einmal angetippt, und er sei sehr angetan gewesen; andererseits, sie wolle natürlich niemand hindern, und es sei ja auch denkbar, dass zwei Geburtstagsredner auftreten, die Belegschaft werde ja ohnehin – er merkt, dass er auch hier um die detaillierte Berichterstattung nicht herumkommt. Ab und zu schaut er auf den dunklen Bildschirm; seine Antworten werden zunehmend unlustiger, und eigentlich hätte sie es merken können, aber sie quittiert seine knappen Bemerkungen mit umso längeren Kommentaren.

Er sieht auf die Uhr, die halbe Zeit der zweiten Halbzeit ist fast vorbei, das Telefongespräch muss zu einem Ende kommen. Er schleicht zur Tür – unnötigerweise schleicht er, da man tragbare Telefone ja im Gehen benützen kann und die Schritte ohnehin kaum zu hören sind; aber er schleicht automatisch, weil er

eine subversive Aktion plant: Er öffnet leise die Wohnungstür und drückt mehrfach auf die Klingel. Dann
schließt er die Tür ebenso leise und sagt, aufschreckend,
es habe geklingelt, er erwarte noch Besuch. In diesem
Moment kommt seine Frau aus dem Schlafzimmer, er
gibt ihr verzweifelt Zeichen, aber es ist zu spät, sie ruft
laut: *Lass Dich nicht stören, ich mache auf!*, und er hat
Mühe, ihr verständlich zu machen, dass sie jetzt nicht
sagen solle, es sei gar niemand an der Tür. Er steigt
mit betontem Eifer wieder ins Gespräch ein und schnei-
det so etwaige Rückfragen oder Anmerkungen seiner
Frau ab. Und erfreulicherweise reagiert die Partnerin
am Telefon so, dass sein Trick nicht völlig wirkungs-
los bleibt; sie wolle ihn nicht länger von seinem Besuch fern halten; man könne ja in den nächsten Tagen
noch einmal alles durchsprechen, und sie wisse ja auch,
dass die Angelegenheit in guten Händen sei. Sie verabschiedet sich mit Grüßen an seine Gattin; er bittet
sie, ihrerseits ihren Gatten zu grüßen – das mit dem
Gatten musste jetzt sein; aber dann fällt ihm ein, dass
der Gatte ja angeblich nichts von dem Gespräch weiß,
er nehme den Gruß zurück, gewissermaßen, sagt er,
fügt aber vorsichtshalber noch die umständliche Erklärung an, dass nicht zuletzt ja ihr Gatte selbst überrascht werden solle. So geht noch einmal wertvolle
Zeit verloren; aber dann, endlich, war es so weit: Er

hängte ein, griff nach der Fernbedienung und schaltete zurück zum Spiel.

Er war nervös. Er ärgerte sich über die Phase, in der eingeschaltet, aber noch kein Bild zu sehen, kein Ton zu hören war – und er ärgerte sich gleichzeitig ein wenig, dass er sich über diese paar Sekunden (oder war es doch eine ganze Minute?) ärgerte. Dann erschien das Bild, und genau im gleichen Augenblick klingelte es an der Wohnungstür. Er stand auf, wartete aber darauf, dass seine Frau zur Tür gehe. Aber sie kam nicht. Er konnte sich nicht vorstellen, dass sie schon schlafe. Wahrscheinlicher war, dass sie damit rechnete, er mache einen zweiten Versuch, seine Telefonpartnerin zu überlisten; schließlich war es ganz und gar ungewöhnlich, dass um diese späte Zeit tatsächlich jemand kam, und dass sein Gespräch inzwischen zu einem Ende gekommen war, konnte sie ja nicht wissen. Er ging also doch zur Wohnungstür und öffnete.

Draußen stand die Wohnungsnachbarin, genauer: die ältere Dame, die unter ihnen wohnte. *Sie wollen bestimmt zu meiner Frau*, sagte er schnell, aber sie schnitt ihm fast das Wort ab: *Nein, zu Ihnen*, und die helle Aufregung war ihr ins Gesicht geschrieben. *Das ist eine Katastrophe!* sprudelte sie los, und dann schilderte sie, hastig und umständlich zugleich, das Unglück, das sich zugetragen hatte. Ihre Waschmaschine stand im

Badezimmer – sie versäumte nicht den Hinweis, dass es für sie einfach zu beschwerlich sei, für jede Wäsche die Treppen zur Waschküche zu nehmen und dazu ja auch die Wäsche zu transportieren, überhaupt nach dem Waschgang, wenn die Stücke feucht und damit schwer seien; und da sie allein sei, reiche der Platz im Bad für die Waschmaschine völlig aus – und mit dieser Waschmaschine sei irgend etwas nicht in Ordnung, jedenfalls laufe das Wasser davon und stehe jetzt auch schon in der Diele. Er schob sie auf die Seite und jagte die Treppe hinab. Es ging ihm durch den Kopf, dass er vielleicht doch noch eine Chance habe, die Schlussphase des Spiels zu erleben; die Überlegung war ihm gleichzeitig peinlich, weil sie unangemessen war, wenn sich der geschilderte Sachverhalt bestätigte. Das Wasser stand, wenn auch nur ein, zwei Zentimeter hoch, tatsächlich schon an der Tür; er folgte der leichten Strömung, kam ins Badezimmer und stellte die Maschine ab – die Nachbarin hatte das in ihrer Hilflosigkeit versäumt.

Sie war inzwischen nachgekommen, so aufgelöst, dass er sie auf keinen Fall ihrem Schicksal überlassen konnte; er fragte nach Lappen und Eimer und machte sich an die Arbeit. Die Dame erklärte erneut, dass sie die Waschmaschine notgedrungen ins Badezimmer genommen, und dass sie früher selbstverständlich nur unten in der Waschküche – er versicherte mehrfach, dass er das gut verstehe. Er sagte, sie habe doch gewiss einen Garantieschein. Damit hatte er seine letzte Fußball-chance verspielt, denn nun begann sie nach dem Papier zu fahnden, und als sie es entdeckt und er das Wasser größtenteils beseitigt hatte, wuchs ihm zwangsläufig die Aufgabe zu, den in der Gebrauchsanweisung versteckten Garantieschein genau zu studieren und das weitere Vorgehen mit der Dame zu besprechen.

Was die Champions League angeht, so hatte er resigniert; und er war jetzt weniger verärgert als bei seinem Telefongespräch: Es war ja doch ein altruistischer Akt, der ihn abgehalten hatte – in seiner Selbstwahrnehmung verschoben sich die Motive so, dass er nahezu überzeugt davon war, er habe freiwillig und gewissermaßen in Abwägung des spezifischen ethischen Gewichts auf sein Hobby verzichtet; Hilfsbereitschaft war nun einmal mehr wert als ein Fernsehvergnügen. Dass er die Akzente in Wirklichkeit keineswegs so eindeutig setzte, hätte ihm allerdings sein weiteres Verhalten bewusst machen können. Als die Fragen einigermaßen geklärt waren, stürmte er die Treppe hinauf; die Wohnungstür stand noch offen, der Fernseher lief – aber die ruhige Studio-Stimme ließ keinen Zweifel daran, dass nicht mehr aus dem Stadion gesendet wurde. Es waren die Nachrichten, und er rechnete fest damit, dass in ihrem Rahmen oder im Anschluss das Ergebnis des Spiels mitgeteilt, vielleicht sogar der Spielverlauf rekonstruiert werde; es war ja doch kein gewöhnliches Spiel, sondern die Entscheidung darüber, ob überhaupt noch eine deutsche Mannschaft in diesem Spitzenwettbewerb bleibe.

Er folgte den Meldungen nur mit halber Aufmerksamkeit. Er musste daran denken, wie merkwürdig es war, dass ihm der Ausgang des Spiels offenbar wichtiger war als das Spiel. *Ergebnis statt Erlebnis*, dachte er, entschuldigte sich aber selbst, weil es ja eine Ausnahmesituation war. Gleichzeitig kamen ihm Zweifel, ob es nicht eigentlich immer so sei, nicht nur bei ihm, sondern bei all den Tausenden, die vor dem Bildschirm sitzen, ja vielleicht sogar auch bei denen, die im Stadion dabei sind. Ob also die ganzen 90 Minuten, trotz dem einen oder andern Zwischenhoch, nicht nur ein geschickt inszeniertes Vorspiel sind, das erst mit dem Schlusspfiff zu seinem wirklichen Höhepunkt gelangt. Er wurde ungeduldig: Auf dem Bildschirm spielten jetzt die Wettermacher ihr tägliches Spiel; einer stand mit windzerzaustem Haar und im Mantel mit hochgeschlagenem Kragen auf einem Hügel und demonstrierte so die aktuelle Wetterlage, der Kollege im Studio folgte auf einer großen Europakarte mit raschen Handbewegungen den Richtungen im Wechsel von Hoch und Tief. Danach: kein Sportbericht, sondern ein Fantasy-Film für Erwachsene.

Er zappte sich durch die Programme, sah Schnipsel von Talkshows und Fetzen von Filmen, verfolgte eine weitere Nachrichtensendung und gab dann auf. Dass das Spielergebnis nicht angeführt wurde, interpretierte er als sicheres Zeichen dafür, dass das *torreiche Spiel*, von dem die Kommentatoren schon in der Halbzeitpause gesprochen hatten, nicht auf Kosten der Italiener gelaufen war. Werder Bremen hatte wohl verloren.

Er schlief schlecht in der folgenden Nacht. Das Spiel hatte ihn mehr Nerven gekostet, als wenn er es gesehen hätte. Dass Bremen verloren hatte, höchstwahrscheinlich verloren hatte, war eine Last. Aber eine größere Last war dieses *höchstwahrscheinlich*: Dass er nicht wusste, ob Bremen nicht vielleicht doch gewonnen hatte – das ließ ihn nicht zur Ruhe kommen.

Alles Müller

Der Busfahrer hielt an der Schranke, ehe er in die Parkbucht fuhr, und ließ alle aussteigen. Sie gingen, ein bunter Zug, auf das kleine Häuschen zu, von dem aus ein älterer Mann die Schranke bediente und den Eingangsbereich überwachte. Er hatte die Tür halb geöffnet und rief: *Alles Müller?!* Das war als freundliche Begrüßung gedacht; aber der Herr, der ganz vorn am Schalter stand und mit einer Hand das Schreiben des Sendeleiters hoch hielt, holte mit der andern seinen Pass aus der Innentasche, blätterte ihn auf und präsentierte sein Passbild. *Dankwart Müller*, stellte er sich vor und fügte dann schnell hinzu, dass nur ein kleiner Teil der ihn Begleitenden Müller heiße; selbstverständlich könnten sich aber alle ausweisen, und er habe auch – er griff erneut in seine Brusttasche – eine Liste aller Eingeladenen. Er begann vorzulesen: *Friedrich und Hanna Gehrich, Theodor Heidenreich* – der Mann in der Tür winkte ab: Er sei informiert, und sie würden im Studio schon erwartet.

Dort stand der Sendeleiter unter der Tür, begrüßte Müller mit Handschlag und lotste die ganze Gesellschaft in den großen Raum, in dem einige Stuhlreihen aufgebaut, die Kameras auf ihren fahrbaren Gestellen an den Rand geschoben worden waren. Müller hatte ihm die Namenliste überreicht, und er zeigte durchaus Interesse daran. Halblaut begann er vorzulesen: *Gehrich, Heidenreich, Schneider, Riese, zweimal Müller, Hünerwadel, Hubmaier, Wissmann, Jakobov, nochmals Müller, Schulz, Friedrich, Lambadis* – und so fort noch die ganze Reihe, deren Unterhaltungswert, sieht man von Frau Hünerwadel ab, sich in Grenzen hielt, die er aber fast triumphierend zur Kenntnis nahm. Er ging zu seinem Assistenten, gab ihm die Liste, klopfte mit dem Handrücken darauf und sagte: *Siehst Du, es klappt!* Der Assistent warf einen Blick auf die Liste und sah seinen Chef fragend an. Der fuhr mit zwei Fingern der Liste entlang, nannte wieder ein paar Namen und resümierte: *Es sind eben nicht nur Müller, es sind auch andere – mehr andere als Müller; es wird garantiert ein Erfolg.*

Der Assistent verstand jetzt, weil er die Vorgeschichte kannte. Vor gut einem halben Jahr war Dankwart Müller zum ersten Mal im Büro aufgetaucht, empfohlen von einem Kollegen seiner Behörde, einem Bundesbruder des Sendeleiters. Er hatte eine dicke

Schriftrolle dabei, die von weitem aussah wie eine Rolle von saugfähigem Küchenpapier; aber als der Herr Müller sie entrollte, wurde deutlich, dass richtige Pergamentstücke aneinandergeklebt waren, auf denen in kleinster Schrift und durch ein verwirrendes Geflecht von Linien verbunden eine Unmenge von Namen zu sehen war. Die Rolle war über den ganzen Schreibtisch weg ausgebreitet und bedeckte auch noch einige Papierstöße auf einem Beistelltischchen, war aber immer noch nicht zu Ende, sodass Müller begann, die Anfänge wieder aufzurollen, um Platz für die weiteren Lagen zu schaffen. Diese mühsamen Aktionen begleitete er mit hastigen Kommentaren, die nicht immer leicht verständlich waren, aber jedenfalls so viel deutlich machten, dass es sich bei der Schriftrolle um einen quer gelegten und in die Länge gezogenen Stammbaum handelte.

Dankwart Müller war Ahnenforscher. Er betrieb die Fahndung nach seinen Vorfahren als Liebhaberei, hatte sich aber als Mitglied einer Genealogischen Gesellschaft einige wissenschaftliche Voraussetzungen für sein Geschäft angeeignet. Dank endloser Korrespondenzen mit herrschaftlichen, kommunalen und kirchlichen Archiven war es ihm gelungen, sich durch die Jahrhunderte in die Vergangenheit zurück zu tasten; fast lückenlos über Dutzende von Namen weg führte der Stationenweg ins hohe Mittelalter und landete dort mit einem Seitenzweig bei Friedrich I., beim Kaiser Barbarossa. An diesem Punkt war – fürs Erste zumindest – das äußerste Ende der Schriftrolle erreicht. Müller hatte, ehe er das letzte Pergamentstück freigab, kurz gezögert und so signalisiert, dass noch eine Überraschung bevorstand. Der Sendeleiter war in der Tat überrascht und stellte spontan die Übernahme ins Fernsehprogramm in Aussicht; allerdings, so formulierte er dann doch gewisse Bedenken, allerdings sei es nicht ganz einfach, dafür ein optisch wirksames Konzept, eine lebendige Art der Vermittlung zu finden.

Für Dankwart Müller war das nicht recht einsichtig; für ihn hatten die rekonstruierten Verbindungen Leben genug, und er wies auch noch auf historische Originaldokumente hin, die in seinem Besitz waren. Aber natürlich musste er alles Weitere den Leuten vom Funk überlassen – sogar seine Schriftrolle, da sie auf jeden Fall die Grundlage einer Ausstrahlung bilden sollte. Der Sendeleiter gab seinem Freund, der Müller geschickt hatte und dem er verpflichtet war, einen positiven Zwischenbescheid und setzte sich dann mit einem Vertreter der Wissenschaftsredaktion in Verbindung. Der versprach, über die Möglichkeiten der Realisierung nachzudenken, war aber nicht restlos von der Sache überzeugt und bezog einen Historiker in die Planung ein.

Der sah sich die Rolle an und gab ein paar flapsige Kommentare ab; als er aber merkte, dass der Sendeleiter eigentlich schon entschieden war, schaltete er um auf ernsthafte Einwände. Er sehe nicht unbedingt einen kulturellen Auftrag darin, einem größeren Publikum die Ahnentafel des Herrn Müller vorzustellen, auch wenn es sich dabei zweifellos um eine Kuriosität handle. Diese Bezeichnung ärgerte den Sendeleiter, aber er spürte, dass der Historiker, den er schätzte, irgendwelche Argumente gegen den Plan parat hatte. Er sagte deshalb betont ruhig, es sei ja doch an sich schon ungewöhnlich, dass eine Ahnentafel so weit führe – *Fast bis ins nächste Zimmer*, hätte der Historiker gerne gesagt, hielt sich aber zurück –, und ganz und gar ungewöhnlich sei es ja doch, dass die Linien bei einem der bedeutendsten mittelalterlichen Herrscher endeten. Der Historiker lächelte, und er konnte nicht vermeiden, dass sich Züge von Ironie in dieses Lächeln mischten. Der Sendeleiter registrierte dies, und es kam zu einem längeren Dialog, der freundlich geführt wurde, bei dem aber erkennbar war, dass die Freundlichkeit beide Seiten Anstrengung kostete.

Ob er etwa an der Bedeutung Barbarossas zweifle, fragte der Sendeleiter.

Nein, ganz und gar nicht, antwortete der Historiker, *ich zweifle nur an Barbarossas Bedeutung für Herrn Müller – oder an Herrn Müllers Bedeutung für Barbarossa.*

Aber die Verbindung über – warten Sie! mehr als sieben, nein, mehr als acht Jahrhunderte weg –

Ich ziehe den Hut vor der Müllerschen Recherche, aber –

Gut, ich sehe ein, dass man das im einzelnen überprüfen muss; aber man sollte nicht im voraus unterstellen, dass gravierende Fehler enthalten sind oder gar Fälschungen vorliegen.

Ich unterstelle keine Fehler, obwohl die Belege, wenn man ins Mittelalter zurückgeht, im allgemeinen spärlich und auch unsicher sind. Nein, ich gehe davon aus, dass die Rekonstruktion zutrifft.

Aber dann ist doch alles in Ordnung!? Eine lückenlose Verbindung vom 21. bis ins 12. Jahrhundert.

Faktisch ja. Aber diese Verbindung ist nichtssagend.

Der Sendeleiter wurde ungeduldig und etwas lauter. *Entschuldigen Sie, aber das verstehe ich nicht. Es ist doch verständlich, dass jemand auf diese Verbindung stolz ist und dass er sie publik machen will. Ich möchte nicht wissen, was Sie veranstalten würden, wenn Ihr Stammbaum –*

Ich habe keinen Stammbaum, mir reicht das polizeiliche Führungszeugnis.

Das ist doch – gut, es ist Ihre Privatsache. Aber als Historiker sollten Sie doch über Ihren Horizont hinausschauen.

Richtig, und auch über den von Herrn Müller.

Herr Müller will das ja auch; er will ja, dass das Ergeb-nis seiner Nachforschungen bekannt gemacht wird.

Und wozu?

Ich glaube nicht, dass ich Ihnen das erklären muss, sagte der Sendeleiter und gab zu erkennen, dass er das Ge-spräch nicht fortsetzen wollte.

Aber der Historiker setzte seinerseits zu einer län-geren Erklärung an. *Doch,* sagte er, *ich sehe nämlich keinen Sinn in der Veröffentlichung. Ich will versuchen, das zu beweisen. Herr Müller legt Wert darauf, dass er von Barbarossa abstammt, nicht in ganz direkter Linie, Sie sehen ja allerhand Abzweigungen auf der Schriftrolle, aber immerhin. Man muss aber doch fragen, was »abstammen« hier bedeutet. Jeder Mensch hat zwei Eltern, vier biologi-sche Großeltern, acht Urgroßeltern. Damit sind wir bei der dritten Generation der Vorfahren. Bei der vierten sind es 16, bei der fünften 32, dann –* er machte eine Pause und sah seinen Gesprächspartner provozierend an –

Der zögerte, aber nur einen Moment, denn er wollte sich keine Blöße geben, *64,* sagte er, und er rechnete weiter: *128, 256, 512, 1.024, 2.048, 4.096* – es wurde schwie-riger; der Historiker schlug vor, auf- oder abzurunden, und es ging weiter: *8.000, 16.000, 32.000, 64.000* – nicht ohne Stolz stellte der Sendeleiter die Zahlen rasch hintereinander, aber der Historiker unterbrach ihn.

Machen wir es kurz, sagte er: *Die Zeitstrecke von Müller zu Friedrich I. entspricht etwa 30 Generationen, und mit der 30. Generation sind wir bei rund einer Milliarde Vorfahren – die Wahrscheinlichkeit ist durchaus da, dass dazu auch Barbarossa gehört. Zugegeben: Es ist in Wirklichkeit etwas komplizierter; zum Beispiel lebten im Mittelalter auf der ganzen Erde keine Milliarde Menschen, es muss also Wiederholungen und Überschneidungen im Stammbaum geben.*

Inzucht? fragte der Sendeleiter sichtbar verunsichert.

Wenn Sie so wollen, ja – allerdings dürfte dieses inzüchtige Verhalten bei einer Auswahl von 64.000 oder auch schon 1.024 keine dramatischen Folgen gehabt haben. Entscheidend ist der Befund, dass bedeutende Herrscher in vielen Stammbäumen auftauchen können, und zwar nicht in erster Linie, weil manche an ihren Höfen eine ganze Menagerie junger Frauen hielten, sondern aus rein rechnerischen Gründen. Kurz gesagt: Auch Sie stammen möglicherweise von Barbarossa ab.

Dieser letzte Satz elektrisierte den Sendeleiter. Er dankte dem Historiker förmlich für seine interessanten Ausführungen, fügte noch ein versöhnliches *Man muss einfach über die Dinge reden!* an und bat ihn, noch ein wenig weiter mit zu überlegen, was nun zu tun sei. Dann entschuldigte er sich für einige Minuten – er habe, sagte er mit einem Blick auf die Uhr, schnell ein wichtiges Telefongespräch zu führen. Der Assistent, der dem Disput schweigend gefolgt war, wollte nicht allein mit dem Historiker zusammenbleiben, da er unsicher war, welche Position er beziehen sollte; deshalb entschloss auch er sich zu einem Gang in sein Zimmer, um dort kurz nach dem Rechten zu sehen. Er kam dabei an der Tür des Chefzimmers vorbei, die nur angelehnt war. Als er das Stichwort Barbarossa hörte, blieb er unwillkürlich stehen und lauschte. *Direkt von Barbarossa*, sagte der Sendeleiter. *Ja, ich.* Längere Pause – offenbar eine kritische Erwiderung. Dann sehr bestimmt: *Nein, kein Witz, es ist wissenschaftlich bewiesen.* Der Assistent überlegte, ob der Chef mit seiner Frau spreche oder mit der jungen Praktikantin, die seit wenigen Wochen da war; er entschied sich für die unerfahrene Praktikantin, als sein Chef umständlich zu erklären begann, wer Barbarossa war.

Nach ein paar Minuten war die kleine Runde wieder vollzählig. Der Sendeleiter strahlte und meinte, jetzt sei ja eigentlich alles klar: Man könne den Stammbaum von Dankwart Müller exemplarisch nehmen und zeigen, wie es sich mit den Verbindungen verhält. Es sei ja doch ein Geschenk an die Zuschauer, wenn sie alle erführen, dass Barbarossa zu ihren Ahnen gehöre – *gehören könnte*, verbesserte er sich, nachdem er die Missbilligung aus dem Gesicht des Historikers abgelesen hatte. Der sah im Geist bereits seinen Namen im Vor- oder Nachspann des Programms: *Wissenschaftliche Beratung Dr. Ingolf Wendt* – er durfte die Geschichte nicht einfach laufen lassen, sondern musste versuchen, sie zu kippen oder in eine vernünftige Bahn zu bringen. Er wandte sich an den Sendeleiter und erklärte, Stammbäume seien immer eine unsichere Angelegenheit, ein Stammbaum sei ja doch an sich schon eine perverse Vorstellung.

Perveeers? sagte der Sendeleiter, empört, aber auch erneut verunsichert.

Ja, pervers. Im Wortsinn: Verkehrt. Umgekehrt. Man denke doch bei Stammbaum an einen einzigen starken Stamm, aus dem Hunderte von Zweigen entspringen. Tatsächlich säßen aber die Hunderte von Vorfahren in den Verästelungen der Zweige, und der Stamm verkörpere das jüngste Glied, den Ahnenforscher, der sich so dreist in den Mittelpunkt rücke. Übrigens sei die Dokumentation des Herrn Müller in dieser Hinsicht korrekter, weil er keinen üppigen Baum konstruiert, sondern die gefundenen Daten auf die historische Zeitstrecke projiziert habe.

Ein Lichtblick! *Eben*, sagte der Sendeleiter, als handle es sich um sein Argument. *Und deshalb spricht doch auch nichts dagegen, diesen Stammbaum – diese Konstruktion in den Mittelpunkt des Films zu rücken.*

46

Nicht in den Mittelpunkt, bitte. Man muss sich andere Dinge einfallen lassen. Man könnte zum Beispiel die Entwicklung der Genealogie zum Thema machen. Der Historiker war in seinem Element; er skizzierte die Bemühungen mittelalterlicher Herrscher um eine vornehme Herkunft, die wissenschaftlichen Annäherungen der Aufklärungszeit und die Konjunktur der Sippenforschung im Nationalsozialismus, als fromme Bürger entsetzt registrierten, wie viel unehelich Geborene unter ihren Ahnen zu finden waren, und engagierte Parteileute bestürzt jüdische Vorfahren in ihrer Ahnentafel entdeckten.

Der Sendeleiter hatte interessiert zugehört; aber als das Stichwort Nationalsozialismus fiel, winkte er ab: Das passe dann doch nicht in sein Ressort. Der Assistent hatte die ganze Zeit fast nur geschwiegen; jetzt sah er sich in der Pflicht, nach einer Lösung zu suchen. Er finde, sagte er, man dürfe das Publikum nicht mit zu vielen geschichtlichen Details überfordern, und ihm sei da eine Idee gekommen, als Dr. Wendt die Umkehrung beim Stammbaum erklärt habe. Wenn man sich in den Verästelungen der Baumkrone nicht eine Unzahl von Vorfahren denke, sondern die vielen Nachkommen, dann sei es doch eigentlich angebracht, sie zum Hauptgegenstand zu machen: *Also ganz in die Gegenwart!* – mit Müllers sei das ja wirklich kein Problem. Er schätze, dass fast ein Prozent der Bevölkerung Müller heiße, und das könne man doch in einer Sendung demonstrieren.

Der Historiker schwieg, war aber sichtlich zufrieden mit dieser Wendung, und der Sendeleiter fing sehr schnell Feuer und entwickelte Perspektiven für einen möglichst bunten und vielfältigen Aufmarsch der verzweigten Müllersippschaft. Für Dankwart Müller und seinen Stammbaum blieb dabei nur noch ein kleiner Rest, das Projekt nahm rasch ganz andere Dimensionen an. Ein eigener Regisseur wurde bestellt, die Arbeit der Praktikantin konzentrierte sich auf die Recherche, nach einem Aufruf in einer beliebten Sendung und im Netz meldeten sich – ohne Übertreibung – Hunderte von Personen, die Müller hießen und ihre Bereitschaft zur Mitwirkung erklärten; es gab besondere Müller-Treffen mit eigenen Inszenierungen, immer wieder schwärmten Kamerateams aus. Nach weniger als einem halben Jahr waren fast drei Stunden Filmmaterial vorhanden; man stritt um die notwendigen Streichungen im Konzept, dann begann die Schneidearbeit und die Feinstrukturierung – eine volle Stunde Sendezeit blieb in der Kalkulation. Das Ergebnis, den fertigen Film, hatten sich zunächst die an der Redaktion Beteiligten angesehen – und jetzt wurde er zum ersten Mal halböffentlich vorgeführt vor der Gruppe, die Dankwart Müller zum *Preview* (er hatte sich diesen Begriff zueigen gemacht) mitgebracht hatte.

Er war darüber informiert, dass man der Demonstration seiner Ahnenreihe *gewisse Ergänzungen* hinzugefügt hatte (so hatte sich der Sendeleiter ausgedrückt); aber es überraschte ihn dann doch, wie lang sich diese Ergänzungen hinzogen. Der Auftakt, und das konnte er gut verstehen, war musikalischer Art. Vor einem alten Hofgebäude mit einem großen Mühlrad, vermutlich in einem Freilichtmuseum, hatte sich ein riesiger Chor von Frauen und Männern versammelt; Gotthilf Fischer dirigierte, und mehrstimmig ertönten alle Strophen des Liedes »*In einem kühlen Grunde, da geht ein Mühlenrad*«. Im unmittelbaren Anschluss an das Lied ging ein Moderator mit Mikrophon die Reihen entlang und fragte alle paar Schritte eine der Sängerinnen oder einen der Sänger nach ihrem Namen – jedes Mal kam die Antwort *Müller*. Das bot dem Moderator die Chance, das besondere Kompositionselement der ganzen Sendung zu erläutern. Danach stellte er seine Frage noch ein paar Mal mit immer der gleichen Reaktion, und schließlich wandte er sich an den Dirigenten mit seiner Frage, der sagte lachend: *Fischer*, und dies war die Brücke zu der sinnigen Feststellung: *Nicht alle heißen Müller, aber doch erstaunlich viele – und unter den Müllers gibt es auch alte Bekannte.*

Rasche Überblendung, ein Fußballfeld, Thomas Müller – der Name eingeblendet – beim Dribbling, danach Hansi Müller beim Torschuss, und hineingeschnitten in die gleiche Szene ein zweiter Torschuss: Gerd Müller, dem gleich auch noch, untermalt von der Nationalhymne, eine Meisterschale überreicht wurde. Dazu ein Kommentar aus dem Off: *Von all den bekannten Persönlichkeiten mit dem Familiennamen Müller ist Gerd Müller wohl der bekannteste geblieben. Aber sehen wir uns weiter um* – Blende: Heiner Müller, ausgemergelt und mit scharfem Blick, die unvermeidliche Havannazigarre im Mund, bekommt den ehrenvollen Platz gleich nach dem ›Bomber der Nation‹; sein Name auf einem Buchtitel wird groß in den Fokus der Kamera genommen. Danach Schwenk zu einem anderen Buch; man liest: Herta Müller, und sie darf in einer Berliner Buchhandlung einige Sätze vortragen, in denen von Herkunft und Erbe die Rede ist.

Das ist die Verbindung zu Dankwart Müller, der den Bildsequenzen ungeduldig und beim Fußball mit leichtem Kopfschütteln gefolgt ist. Er tritt zunächst nicht in Erscheinung; man sieht nur die große Schriftrolle, die sich wie von selbst öffnet; man folgt den verzweigten Linien durch die Jahrhunderte, die Eintragungen und vor allem die Jahreszahlen werden immer wieder einmal vergrößert. Die unterlegte getragene

Melodie mündet in ein Crescendo, das den Blick öffnet für Kaiser Friedrich I., zuerst mit einer Großaufnahme der ohnehin hervorgehobenen Notiz im Stammbaum und dann mit Bildern aus einer vatikanischen Miniatur und von der Skulptur am Kyffhäuserdenkmal. Es folgt das Gespräch mit Dankwart Müller, der weiterhin unbeschwert seine Abstammung von Barbarossa betonen kann, weil er ja die historische Desillusionierung nicht mitbekommen hat. Dankwart Müller, der reale, nicht-virtuelle Dankwart Müller, sieht gebannt zu und bewegt manchmal die Lippen; er wiederholt, was er beim Interview gesagt hat.

Er hat allerdings viel mehr gesagt als das, was in dem Film zum Zug kommt. Eine leichte Enttäuschung ist ihm anzumerken, als sein Interview übergeht zum Gespräch mit einem Namenforscher – nahtlos übergeht, als handle es sich um dieselbe Gesprächssituation. Behandelt werden Fragen, auf die auch er eine Antwort hätte geben können. Es geht um die Herkunft des Familiennamens Müller. Es sei, sagt der Namenforscher, wahrscheinlich der häufigste Name überhaupt; in jedem größeren Dorf habe es eine Mühle und damit auch einen Müller gegeben, für den sich die Berufsbezeichnung allmählich als Name festgesetzt habe. Natürlich sei auch Bauer ein häufiger Familienname, und Bauern habe es noch weit mehr als Müller gegeben, aber eben deshalb habe dieser Name nicht zur Unterscheidung getaugt. Der Müller dagegen habe sich durch seine Tätigkeit von den andern unterschieden, sei von ihnen auch argwöhnisch betrachtet worden, weil er meist nicht im Dorf selber lebte, weil er im Allgemeinen reich war, und weil man seinen Reichtum oft betrügerischen Tricks zuschrieb.

Die Erörterung des Namens war die Überleitung zu einer Folge schöner, fast immer idyllischer Mühlenbilder. *Lauter alte Mühlen*, hieß es im Kommentar, ein letztes Mal drehte sich ein Mühlrad, *und lauter junge Müller*, fuhr der Moderator fort und kommentierte so den härtesten Schnitt, den der Film aufwies. In den Planungsgesprächen der Redaktion war man sich darüber einig gewesen, dass noch etwas Besonderes für die Sendung gefunden werden müsse, *ein Knüller*, wie der Sendeleiter sagte. Man blieb zunächst bei dem insgesamt sanften Modus der Darbietungen und dachte an die Einblendung von Schubert-Liedern aus der *Winterreise* von Wilhelm Müller, der in einem knappen Lebensabriss vorgestellt werden sollte. Aber dann wollte es der Zufall, dass der New Yorker Künstler Spencer Tunick anlässlich einer Kunstdebatte im Studio war; der Studioleiter kam ins Gespräch mit ihm und entwickelte aus einer plötzlichen Laune heraus einen kühnen Plan: Tunick, der berühmt war durch seine eigenwilligen ›Landschaftsskulpturen‹, die er mit einer großen Zahl nackter Menschen komponierte, sollte eine künstlerische Präsentation von Nackten entwerfen, die ausnahmslos Müller hießen. Tunick war einverstanden, und mit diesem Plan waren die Müllerlieder ausmanövriert. Ihre Anhänger rechneten zwar damit, es werde sich unter den Müller-Menschen keinesfalls eine ausreichende Zahl von Exhibitionisten (dies war ihr deklassierender Ausdruck) finden – aber das war ein Irrtum: Auch hier war der Aufruf im Internet rasch und in unerwartetem Ausmaß erfolgreich.

So sah man nun auf dem großen Bildschirm schlagartig eine eng ineinander komponierte Gruppe von weit über hundert, wahrscheinlich von mehreren hundert nackten Leibern, aus großer Entfernung, sodass man die einzelnen Körper nur schwer unterscheiden konnte und das Ganze in der Tat wie eine seltsame Landschaft wirkte. Der Regisseur hatte ursprünglich den Plan, ähnlich wie bei Fischers Massenchor einzelne Nackte zu fragen, wie sie heißen, aber Tunick verweigerte den näheren Zugang. Damit war es Aufgabe des Kommentars, den Müller-Bezug herzustellen. Der Moderator gab sich Mühe, sprach davon, dass sich viele Frauen und Männer mit dem Familiennamen Müller hier in den Dienst der Schönheit gestellt oder vielmehr gelegt und so zur Einheit gefunden hätten. Be-

weisen konnte er die Konzentration auf die Müllersippschaft nicht; aber wenn man die Stimmung in der
Besuchergruppe zum Maßstab nahm, schien das niemand zu stören. Ein Teil der Besucher zeigte allerdings
offen sein Unverständnis für die merkwürdige Szene-
rie – auch Dankwart Müller, der auf die Nachfrage des
Sendeleiters betonte, er sei nicht prüde, obwohl zu seinen Vorfahren auch ein pietistischer Seitenzweig der
Müller gehöre; nein, er sehe nur keinen Sinn in dieser
Darbietung, zumal die Schönheit des Körpers nirgends
zur Geltung gekommen sei, die gekrümmten liegenden Gestalten hätten aus der Entfernung wie eine Mas-
sierung von Engerlingen ausgesehen. Der Sendeleiter
beschwichtigte und hätte gerne seine Frage zurückgenommen; aber die Antwort hatten Viele gehört, und
es war absehbar, dass es erneut zu einer Debatte in der
Redaktion kommen werde, obwohl es ganz unmöglich war, das teure Arrangement mit Tunick im Sand
verlaufen zu lassen.

Die nackten Müller waren noch nicht die Schluss-
sequenz; der Chor setzte nochmals ein und beendete
nach zwei oder drei Liedern den Auftritt mit »*Das
Wandern ist des Müllers Lust*«, wobei sich die Masse der
Sängerinnen und Sänger während der letzten Strophe
in Bewegung setzte, ins Publikum winkte und sich in
der schönen Landschaft verlor, die auch schon den

Hintergrund abgab für die Liste der Produzenten und Mitwirkenden. Dankwart Müller und seine Begleiter klatschten, nicht enthusiastisch, aber einigermaßen zufrieden; der Studioleiter dagegen war sichtlich euphorisiert. Er rief, nachdem sich die Besuchergruppe verabschiedet hatte, die Redaktion zusammen – zunächst, um eine noch offene Frage zu klären. Die Sendung hatte unter den Beteiligten den Arbeitstitel »*Alles Müller*«; aber es war klar, dass es dabei nicht bleiben konnte wegen der Überschneidung mit einem Werbeslogan, die zwar von der betreffenden Firma sicher geduldet worden wäre, die aber den Vorwurf der Neutralitätsverletzung hätte auslösen können. Das Problem war schnell vom Tisch: »*Der Müller Lust*« war zwar eine etwas ungewohnte Genitivkonstruktion und nicht ganz unmissverständlich; aber man war sich weitgehend einig, dass gerade das attraktiv wirken könne.

Die Diskussion griff aber weiter aus. Für ihn, meinte der Sendeleiter, bestehe kein Zweifel, dass damit eine neue Serie geboren sei. Als eingewandt wurde, nicht jeder Name sei so ergiebig wie Müller, hatte er seine Gegenargumente schon parat: Erstens gebe es noch eine ganze Reihe anderer Namen, die fast so häufig sind wie Müller – *Fischer etwa, oder Schmidt oder Maier oder Schulz*; aber das sei gar nicht entscheidend: Er würde sich auch zutrauen, eine Sendung »*Alles Hüner-*

wadel« zu machen, in diesem Fall ohne Tunick und ohne Massenchor; auch so sei das Interesse der Leute an anderen Leuten groß genug. Es sei ja doch kein Zufall, dass mit dem Dankwart Müller eine große Zahl von Menschen gekommen sei, die nicht Müller heißen. Er zog die Liste aus seiner Brusttasche und begann laut: *Gehrich, Heidenreich, Schneider, Riese,* dann etwas leiser: *natürlich schon auch Müller,* und weiter mit erhobener Stimme: *Hünerwadel, Hubmaier, Wissmann…* Er las die Namen so, als wäre jeder einzelne ein Argument für die neue Serie. Sie dürfte inzwischen in der Planung sein.

Therapie vom Bildschirm

Zugegeben, ich war erleichtert, als ich den Namen las: Schmied mit ie, *Anton Schmied*. Einer von hier. Ich habe nichts gegen Ausländer, wirklich nicht. Nur – ich habe ja nicht viel Klinikerfahrung, aber als ich vor drei, vier Jahren die Herzattacke hatte, lag ich ein paar Tage bei Mehmet im Zimmer, und der war fast den ganzen Tag belagert von Besucherinnen und Besuchern. Am Anfang dachte ich, er habe Geburtstag, weil alle irgendetwas aus der Tasche zogen und ihm gaben, und er küsste jede und jeden und bedankte sich, so viel habe ich verstanden. Aber am nächsten Tag waren sie wieder da, und wieder mit Geschenken, alte Leute, jüngere Frauen, eine Schar Kinder. Ich meinte, es seien seine Kinder; aber er sagte mir, er sei nicht verheiratet und lebe nicht mit einer Familie – vielleicht dehnte sich ja gerade deshalb der Besucherkreis auf die weitere Verwandtschaft aus. Das ging so jeden Tag. Schon im Lauf des Vormittags kamen sie, miteinander und nacheinander; wenn die Visite mit einigen Ärzten und Schwestern das Zimmer betrat, verschwanden sie, aber nur in den Vorraum, gleich standen sie wieder um sein Bett herum und erzählten und lachten. Manchmal schlief ich ein, trotz dem lärmenden Durcheinander der Stimmen; aber wenn ich aufwachte, waren sie immer noch da. Ich wagte nichts zu sagen, Mehmet war ein netter Kerl, und die kriegen das ja auch leicht in den falschen Hals von wegen Fremdenfeindlichkeit und so. Und als Mehmet nach ein paar Tagen entlassen wurde, konnte ich am Abend manchmal nicht einschlafen, weil es plötzlich so still war. Ich hatte mich an Mehmet und seine Leute gewöhnt. Normal war das nicht.

Aber ich wollte ja von Anton erzählen. Also, ich war erleichtert. Die Schwester, die mich ins Zimmer brachte, stutzte einen Augenblick; eigentlich sei das Bett am Fenster für mich vorgesehen gewesen, aber jetzt sehe sie, dass es belegt ist. Anton sagte mir später, dass er den Pfleger zu einem Rangiermanöver überredet habe – das mache man immer so, er sei ja schon zum dritten Mal hier, und wenn man länger da bleibe, gebe es gewisse Vorrechte: Er habe sich noch jedes Mal zum Fenster vorgekämpft, es sei wie an der Adria, wo man auch sehen müsse, dass man mit der Liege und dem Sonnenschirm langsam zum Meer vorrücke. Der Umzug betraf aber nicht nur das Krankenbett. Auch bei den schmalen Schränken war die Schwester irritiert; mein Zimmergenosse hatte unmittelbar nach dem Weggang meines Vorgängers seine Utensilien in den leer gewordenen Hochschrank geräumt – weil er näher, wenn auch nur Zentimeter näher an der Nasszelle war. Und auch das erklärte er als selbstverständliches Vorrecht des Alteingesessenen, falls dieser Ausdruck für die im wesentlichen horizontal Gelagerten angebracht ist.

Er heiße Anton, sagte er; ich nannte meinen Vornamen, womit wir automatisch beim Du waren. Er fragte mich nach meiner Erkrankung und lieferte dazu eine Serie von Parallelen aus seinem Bekanntenkreis, manche verbunden mit langen Klinikaufenthalten und misslungenen Therapieversuchen. Er fragte nach den Symptomen, nickte sie gewissermaßen ab und bemerkte ein ums andere Mal, das sei ganz typisch. Danach fragte er nach meinem Alter, nach meinem Beruf, danach, ob ich verheiratet sei und ob ich Kinder habe, wo ich wohne und wie lange schon – und jede Antwort quittierte er mit einem zustimmenden *Aha* oder *So*. Ich setzte ein paar Mal zu Gegenfragen an, teils aus Höflichkeit und teils aus Neugier, weil ich mich mit dem Vornamen allein auch nicht zufrieden geben wollte; aber er war schneller und hatte immer schon die nächste Frage oder irgendeinen Kommentar parat. Nach einigen Minuten war er mit meinen Personalien am Ende;

er brach verhältnismäßig abrupt ab – *Entschuldigung*, sagte er hastig; ich dachte, er gehe zur Toilette, aber er griff nach dem Kabel und dem Schalter und setzte den kleinen Fernseher in Gang, der schräg oben in einer Zimmerecke angebracht war und wie eine Überwachungskamera auf die Betten herunter blickte.

Anton murmelte schnell noch etwas von einer Fortsetzung; dann sah er gebannt auf den Bildschirm, auf dem sich kurz hintereinander drei verschiedene junge Paare küssten, beschimpften, verabschiedeten. Ich staunte über die Modernität im Aufbau der Szenen, die ganz unverbunden nebeneinander gestellt waren; aber dann tauchte der Küssende – er war es, deutlich erkennbar, obwohl er das khakifarbene Sakko abgelegt hatte – bei der Frau auf, die sich eben verabschiedet hatte. Und küsste auch sie. Ich drehte mich zur Seite, indem ich für mich dachte, dass sich weitere Aufmerksamkeit kaum lohnen könne, musste mir aber gleichzeitig eingestehen, dass mich vor allem die unbequeme Lage vom Fernsehkonsum abgezogen hatte: Anton hatte den Monitor so gedreht oder drehen lassen, dass nur für ihn ein bequemer Empfang gewährleistet war. Das bezog sich allerdings nicht auf die akustische Ausstrahlung; ich konnte und musste dem Fortgang folgen anhand der sparsamen Dialoge, die an sich nur die Bilder ergänzten und die zudem auf Eingeweihte zugeschnitten waren, die schon Dutzende, ja vielleicht Hunderte von den Folgen der Serie gesehen hatten.

All das beunruhigte mich nicht. Ich war überzeugt, dass ich an Antons Lieblingsserie teilhatte; und ein wenig beneidete ich ihn sogar: Die fragmentarische Handlung weckte eine gewisse Neugier, ich hätte gerne zu den informierten Dauernutzern gehört – das Nicht-dazu-gehören kann selbst dort Unbehagen auslösen, wo es um recht läppische Zugehörigkeiten geht. *Du am allerwenigsten!* sagte eine tiefe Frauenstimme, und darauf die Männerstimme, beleidigt und drohend: *Aber er?!* Ich war im Begriff, mich doch wieder zum Bildschirm hin zu drehen, als es leise klopfte. Ich rief automatisch *Herein!*, obwohl der Besuch auf keinen Fall mir gelten konnte, während Anton unbewegt auf den Bildschirm starrte – auch nachdem eine Frau mit einem Kind auf dem Arm das Zimmer betreten hatte und zu seinem Bett gegangen war. Es war seine Frau. Sie beugte sich zu ihm herunter und sagte etwas; er blickte weiter geradeaus oder vielmehr schräg nach oben; erst als die Frau das – offenbar schlafende – Kind seinem Kopf näherte, schaute er es einen kurzen Moment lang an und legte eine Hand auf sein Haar. Die Frau war keineswegs irritiert; sie sagte nichts und blickte ihrerseits auf den Film. Als er zu Ende war und Werbespots einsetzten, gab sie ihrem Mann eine Zeitung und machte ein paar Bemerkungen über die Wohnung und den Garten und auch über ein paar Leute, Nachbarn vermutlich. Er quittierte alles mit kurzen Bestätigungen, sagte dann, sie solle jetzt lieber gleich wieder gehen, ehe der Kleine aufwache, und tatsächlich verabschiedete sie sich von ihm und mit einem freundlichen *Auf Wiedersehn!* auch von mir.

Anton wandte sich mir zu und sagte, es sei seine zweite Frau. Er schien dafür ein Kompliment zu erwarten; ich sortierte noch mögliche Stellungnahmen, als er hastig meinte, ich müsse ihn jetzt entschuldigen, aber er sei natürlich jederzeit ansprechbar, wenn ich Probleme hätte. *Jederzeit!* wiederholte er. Ich bedankte mich, aber inzwischen hatte er sich bereits wieder ganz dem Fernsehgerät zugewandt. Ich gähnte, unwillkürlich, aber willkürlich etwas hörbarer als gewöhnlich – Anton ließ sich nicht aus der Ruhe bringen. Nicht aus der Unruhe, wäre wahrscheinlich korrekter, denn auf dem Bildschirm lieferten sich, kaum hatte der Film begonnen, zwei Gangsterbanden eine wilde Schießerei. In der nächsten Szene konstatierte ein bulliger Kommissar, es habe so kommen müssen, nachdem die Sicherungsverwahrung nicht durchzusetzen gewesen sei – jetzt laufe Tresor-Ede wieder frei herum. Ich schielte zu Anton hinüber und glaubte ein zustimmendes Nicken zu erkennen; aber vielleicht projizierte ich das auch nur in ihn hinein, jedenfalls blieb seine Aufmerksamkeit starr auf den Bildschirm gerichtet. Ich war müde, schnappte immer nur Satzfetzen auf, registrierte aber jedenfalls, dass am Ende nicht die Verhaftung des gefährlichen Ede stand, sondern die dezidierte Feststellung einer strengen Staatsanwältin, dass eine Hausdurchsuchung nicht angeordnet werden könne. Dann noch die Großaufnahme der Verzweiflungsmiene des Kommissars – und Schluss.

Aber nicht für Anton. Er ließ auch keine Werbepause zu, sondern hatte schon auf einen anderen Kanal umgeschaltet. Dort war man bereits mitten in einer Liebesgeschichte. Da kriege man den Anfang immer gar nicht mit, sagte Anton, die Sender nähmen ja keine Rücksicht aufeinander, er habe sogar den Eindruck, dass sie absichtlich für Überschneidungen sorgten. Aber in dem Fall mache es nichts aus, das sei sowieso ein richtiger Kitschfilm, man wisse gleich, wie es läuft. Er sagte tatsächlich *Kitschfilm* und auch *Schnulze*; aber das hinderte ihn nicht an der konzentrierten Aufmerksamkeit, mit der er den Rest des Films verfolgte. Ich war erleichtert, als zwei Schwestern den Raum betraten, die zwar auch für mich zuständig waren, die aber gleich auf das andere Bett zusteuerten. *Anton Schmied*, las die eine vom Patientenblatt ab und fügte laut die am Morgen gemessene Temperatur hinzu; ich rechnete damit, dass nach diesem Signal der Fernseher abgedreht werde – wenn nicht von Anton, dann von einer der Schwestern. Es war eine Fehleinschätzung. Die Schwestern maßen den Puls und erneuerten einen Wundverband an seinem Bauch; Anton verzog ein wenig das Gesicht, ohne den Blick vom Bildschirm zu lassen, wo ein schon älteres Liebespaar Hand in Hand und in etwas angestrengter Leichtigkeit durch eine Dünenlandschaft spazierte. Ich hatte den Verdacht, dass die Schwestern selbst an dem gefühlvollen Streifen interessiert waren; aber sie schenkten ihm kaum Beachtung, sahen dagegen die Ablenkung ihres Patienten offensichtlich positiv und verließen den Raum ohne besondere Nachfragen und ohne Kommentar.

Anton ermüdete nicht. Nach dem Liebesfilm rutschte er in eine Gerichtsverhandlung. Die Richterin, hellwach, trieb zusammen mit dem Verteidiger die Hauptbelastungszeugin in die Enge. Diese wirkte von Anfang an übertrieben glaubwürdig und damit verdächtig – und tatsächlich: Sie war die Täterin. Dass sich meine Vermutung bestätigte, verschaffte mir eine gewisse Befriedigung; wahrscheinlich befreite sie mich für kurze Zeit von dem dichten Angebot von der Mattscheibe. Ich nickte ein. Als ich wieder zu mir kam, war immer noch Gerichtsverhandlung, diesmal geleitet von einem männlichen Richter, der aber mit großer Sensibilität, Zartgefühl könnte man sagen, den leicht verwahrlosten Angeklagten befragte. Ich versuchte abzuschalten, drehte mich zur Seite, schloss die Augen. Aber die Aussagen, die in meinen Halbschlaf wehten, trieben einer Entscheidung zu, und der Richter modulierte mit seiner sonoren Stimme, fast unabhängig vom Inhalt seiner Äußerungen, die dramatische Steigerung. Die Sitzung wurde kurz unterbrochen; Anton griff nach seiner Sprudelflasche und schenkte sein Glas voll. Danach erwartete er ungeduldig das Urteil. Und ich auch.

Mein Verhalten machte mich unsicher. Nachdem auch hier das Urteil verkündet war, suchte ich nach taktischen Manövern, die meinen Bettnachbarn ablenken könnten. Ich verwickelte ihn in ein Gespräch über frühere Krankheiten. Viele Patienten, nicht nur in der Klinik, sondern oft auch in Wartezimmern und selbst in der neutralen Umgebung eines Bahnabteils, sind von diesem Thema so erfüllt, dass sie kein Ende finden. Anton fand das Ende, im jagenden Stakkato reihte er die Stichworte seiner Klinikkarriere auf: Blinddarm, Leistenbruch, Meniskus, Bandscheibe, Milz – aber dann erschienen auf dem Monitor Comic-Figuren, die ihn sofort zum Verstummen brachten. Ich las *739. Folge* und fragte mich, ob er wohl die vorausgehenden 738 gesehen hatte. Das war Vergangenheit und insofern eigentlich uninteressant – interessant war, wie dieses Kammerfestival des Fernsehens weitergehen sollte. Ich erwog eine Beschwerde beim Stationsarzt; aber da mir strikte Bettruhe verordnet war, hätte ich diese Beschwerde nur in der Anwesenheit von Anton Schmied anbringen können. Da empfahl es sich schon eher, direkt mit ihm selbst ein offenes Wort zu wagen. Aber ich zögerte: Der Apparat wäre so vielleicht verstummt, aber sicher auch für die ganzen Kliniktage der Bettnachbar, und Kalter Krieg zwischen ans Bett Gefesselten auf engstem Raum war keine freundliche Perspektive.

Was mich beruhigte, war merkwürdigerweise der Gedanke an Mehmet. An die kontinuierliche Unruhe durch die Schar seiner Besucher hatte ich mich nach einer kurzen Phase vergeblicher Empörung ziemlich schnell gewöhnt, obwohl sie sich meist recht laut in einer Sprache unterhielten, die ich nicht verstand. Ganz trug mich der Gedanke nicht über die aktuelle Schwierigkeit weg: Vielleicht hatte ich mich ja an jene Situation gewöhnt, *weil* ich die Sprache nicht verstand und die Töne nur einen Klangteppich bildeten. Aber es konnte ja doch nicht allzu schwer sein, auch die Fernsehbotschaften zu neutralisieren und so zu ignorieren. Waren sie nicht sehr viel weniger aggressiv als physisch präsente Besucher und Besucherinnen?

Während ich noch über diese Frage nachdachte (und das befreite mich immerhin von der Zeichentrickserie), pochte es an die Tür. Ehe ich mir vergegenwärtigt hatte, dass es keinesfalls ein Besuch für mich war, hatte ich schon wieder *Herein!* gerufen, und herein kamen fröhlich zwei junge Männer. *Die Tür!* sagte ich, weil sie offen geblieben war; aber das war Absicht, nach einer kleinen Pause erschienen in der Tür zwei junge Frauen, die noch dabei waren, von großen bunten Blumensträußen die Verpackung zu entfernen. Einer der Männer hatte den einzigen Stuhl besetzt; die andern drei standen rund ums Bett. Es war ein großes Hallo, die Jacky und ihr Lover komme auch noch, sagte der auf dem Stuhl, alle Viere lachten, Anton setzte auch zum Lachen an, biss aber gleich die Zähne zusammen, weil ihn das Lachen schmerzte; einer der Männer zog eine Weinflasche aus seiner Aktentasche, Anton winkte ab, aber der junge Mann ließ sich nicht beirren: *Wir sind ja auch noch da!* Erst nach dem ganzen, reichlich unbefangenen Begrüßungsritual kam die obligate Frage nach dem Befinden; sie klang aber ähnlich wie das nichtssagende *Wie geht's?*, mit dem man manchmal alte Bekannte begrüßt, ohne damit einen ausführlichen Diagnosebefund provozieren zu wollen. Antons Antwort war ebenso schnoddrig; es gehe schon besser, und überhaupt: *Unkraut verdirbt nicht!* – was beide Frauen belustigt wiederholten: *Unkraut verdirbt nicht.*

Die lautstarke Begrüßungsszene übertönte den Fernseher, der aber immer noch lief. Ich rechnete damit, dass die Unterhaltung nun gleich in ruhigeres Fahrwasser komme und dass dann der störende Apparat ausgeschaltet werde. Aber statt dessen dimmte Anton das störende Gespräch herab. Er zeigte zur Decke und fragte: *Habt Ihr den Wunderhund gesehen?* Die Besucher verstummten für kurze Zeit; sie schauten auf den Bildschirm, kommentierten dann lachend, was sie sahen, scheuten allerdings auch nicht davor zurück, Neuigkeiten aus der Stadt und von der Arbeit zu erzählen – und da sie dabei akustisch mit den Trickfiguren konkurrierten, war es eine recht laute Unterhaltung. Sie wurde noch lauter, als Jacky und ihr Lover eintrafen. Jacky war, was aus dem Gespräch hervorging, Witwe; *eine lustige Witwe*, sagte sie, was sie nicht hätte betonen müssen, weil es schon an ihrer Aufmachung abzulesen war: Sie hatte das Haar gefärbt und zu einer abenteuerlichen Tolle dressiert, ihre Bluse war tief ausgeschnitten, und sie trug ohne Rücksicht auf ihre starken Schenkel einen sehr kurzen Rock. Sie wollte unbedingt Antons Operationswunde sehen, was ihm offenkundig schmeichelte; er wehrte erst halbherzig ab, schob dann die Decke zurück und lüftete auch den

Verband ein wenig, und die lustige Witwe konstatierte, es sei *ein schöner Schnitt*, wobei offen blieb, ob sie mit der Bewertung *schön* eine Steigerung beabsichtigte, also einen überdurchschnittlich langen, oder ob sie einen sauberen, gelungenen Schnitt bezeichnen wollte. Es war, soweit ich es verfolgen konnte, die einzige Situation, in der sich Anton wenigstens für Minuten vom Bildschirm abziehen ließ. Dort lief noch immer der Trickfilm, und danach – in hartem Schnitt, für Anton aber im stufenlosen Übergang – eine Kochschau, korrekt als *Kochshow* angekündigt, weil allerlei Prominente an der modernen Herdtheke standen, an der sie sich teils als eifrige Hobbyköche und teils als kalorienbewusste Endverbraucher betätigten.

Der Unterhaltung der kleinen Besucherrunde tat die Sendung keinen Abbruch; aber deren Unterhaltung tat auch der Sendung keinen Abbruch – wenigstens, wenn man Abbruch im vollen Wortsinn versteht. Ich döste vor mich hin, Redepartikel durchkreuzten sich: *Im Schwimmbad kommt so eine Narbe gut an* (Jacky), *Es ist wichtig, dass beim Schnitt die Maserung des Fleischs beachtet wird* (der Chefkoch), *Mit Kurkuma kann man mich jagen* (der Dicke auf dem Stuhl), *Eine ganz exquisite Note* (die Schauspielerin, die ich immer mit Senta Berger verwechsle). Die Tischgesellschaft war beim Dessert angekommen, und im Kreis der Freunde

Antons war der vom Zahnputzgeschirr entlehnte Plastikbecher so lange herumgereicht worden, bis die mitgebrachte Weinflasche leer war. Nach einer Stunde, vielleicht war es auch mehr, begannen sich die Besucherinnen und Besucher zu verabschieden. Ich hatte den Eindruck, dass Anton danach erleichtert in seine Kissen zurücksank, aber nicht etwa, um auszuruhen, sondern um sich wieder ungestört der Fernsehausstrahlung widmen zu können.

Ich hatte inzwischen in meiner Tageszeitung geblättert und dabei auch die Programmübersicht studiert. Das gab mir die Chance, eine Initiative zu ergreifen. Ohne Rücksicht auf die Tele-Tischgesellschaft, der eben Kaffee serviert wurde, wandte ich mich an Anton. *Herr Schmied*, sagte ich, in der Hoffnung, so meinen Worten mehr Nachdruck zu geben, *Herr Schmied, jetzt kommt gleich eine Sendung, die Ihnen auf den Leib geschrieben ist.* Das war, angesichts der Operationswunde, vielleicht das falsche Bild; aber Anton fragte tatsächlich interessiert nach dem Was und Wo. Ich gab Auskunft: eine Gesundheitssendung, die immer ganz neue Therapien behandle, und heute befasse sich ein Internist – Anton unterbrach mich energisch: Das sei nicht seine Wellenlänge, er stehe auf traditionelle Medizin. Ein erfolgloser Vorstoß also, aber ich registrierte zufrieden, dass es gelungen war, ihn in ein

Gespräch zu verwickeln. Schnell setzte ich nach und fragte, woran er denke bei traditioneller Medizin. Die Antwort kam dezidiert: *Eigentlich bloß Akupunktur.* Ich gab noch nicht auf. Seine Bauchhöhlengeschichte oder was das auch sei, die könne man ja nicht mit Akupunktur in den Griff bekommen, und eigentlich auch nicht, was er sonst aufgezählt habe: Blinddarm, Meniskus, Milz. *Genau!* stimmte er mir zu; aber all das sei ja gottlob Vergangenheit, und jetzt komme es darauf an – er beendete den Satz nicht, sondern sagte nur noch: *K 11, Kommissare im Einsatz.* Das war der Titel der Krimiserie, die er während unseres Gesprächs auf den Bildschirm gezaubert hatte und die ihn nun völlig in Anspruch nahm.

Ich resignierte. Ich legte mir zurecht, dass es offenbar ein besonders ungünstiger Tag war, an dem sich unsere Wege kreuzten. Vielleicht ein für ihn besonders günstiger Tag, weil sich Fernseh-Events häuften, auf die er offensichtlich abonniert war. Jedenfalls war ich felsenfest davon überzeugt, dass es sich um eine Ausnahme handelte; weder die innere Befindlichkeit meines Nachbarn noch die äußere Situation (wir waren ja doch Rekonvaleszenten in einem Krankenzimmer!) würde es erlauben, dass er seinen pausenlosen Slalom am nächsten Tag fortsetze. Mit diesem Gedanken – nein, ich schlief nicht sofort ein, sondern hörte noch, wie ein Bankräuber entlarvt wurde (*Und woher, bitte, stammen diese Bündel von Banknoten??*), und wie eine betrogene Ehefrau geistlichen Zuspruch erhielt (*Uns ist aber auch das Verzeihen aufgegeben!*); aber dann dämmerte ich weg und schlief bis zum andern Morgen.

Als ich aufwachte, tanzten zu munterer Musik einige Sportlerinnen über den Bildschirm. *Morgengymnastik*, erklärte Anton, als er merkte, dass ich wach geworden war. In seiner Stimme klang die Überzeugung mit, dass mit diesem Wort die Unentbehrlichkeit der Sendung ausreichend definiert war. Erstaunlich und irgendwie bewundernswert war, dass er zwischen seiner erzwungenen Unbeweglichkeit und der Motorik auf dem Bildschirm keinerlei widersprüchliche Spannung empfand. In dieser Phase wurde mir klar, dass er der ideale Fernsehzuschauer war, ein freundlicher Allesfresser, der ein hybrides Zapporgan in sich trug und dem die Verfügungsgewalt über die Fernbedienung die Illusion völliger Souveränität vermittelte. Und mir wurde klar, dass diese Verfügungsgewalt nicht zu durchbrechen war. Sie war, der Position des Krankenbetts und der Aufteilung der Schränke vergleichbar, eine Vergünstigung, die durch die längere Anwesenheit zustande kam. Ich musste mich darauf einrichten, dass mir erneut ein kaum unterbrochener Bild- und Klangteppich bevorstand, und als er nach der Gymnastik mit wenigen Worten andeutete, dass morgens immer die nächtlichen Spielfilme wiederholt werden (*für Schichtarbeiter und Kranke*, sagte er fröhlich), hörte ich es mit Schrecken – und mit Befriedigung, weil ich nichts anderes erwartet hatte.

Unterbrochen wurde der Film – er spielte in Schweden und war trotz gewagter Liebesszenen etwas düster – durch die Visite. Anton präsentierte sich als vorbildlicher Patient; als die ersten Ärzte unter der Tür erschienen, hatte er schon den Fernseher abgeschaltet, und während sich der Oberarzt nach meinem Befinden erkundigte, schmuggelte er die Fernbedienung auf meinen Nachttisch, den er leicht erreichen konnte. Vielleicht war das ein Fehler; aber wahrscheinlich hat es den weiteren Verlauf nicht wirklich beeinflusst. Der Abteilungsarzt lockerte bei ihm den Verband, und der Oberarzt studierte die Operationswunde ähnlich eingehend wie am Tag vorher die lustige Witwe. Er sagte nichts von einem schönen Schnitt, aber er war sichtlich zufrieden. Er wechselte ein paar leise Worte mit den anderen Ärzten und Ärztinnen, schaute dann auf das Namensschild, sprach den Herrn Schmied höflich, aber bestimmt an und teilte ihm mit, seine Wunde sei so gut verheilt und seine Werte seien so gut – *Ihnen hat die Ruhe einfach gut getan*, sagte er – , dass er in die Ab-

teilung B 4 verlegt werden könne, in ein Vierbettzim-
mer zwar, aber im Moment seien nur zwei Betten belegt, und er bleibe in seiner Obhut.

Anton sagte kein Wort; aber die Mediziner hätten
ihm sein Entsetzen ansehen können, wenn sie nicht
schon auf dem Weg zur Tür gewesen wären. Auch danach sagte er zunächst nichts, aber dann brach es aus
ihm heraus. Auf die Obhut – das Wort hatte es ihm
angetan, es durchzog die ganze Suada seiner Kritik – auf
die Obhut könne er pfeifen, früher wäre so etwas nicht
passiert, man hätte ihn ja wenigstens fragen können,
und (dies wiederholte er mehrfach) wir hätten uns ja
ausgesprochen gut verstanden, es habe ja doch keinerlei Streit und keine Meinungsunterschiede zwischen
uns gegeben. Ich stimmte ihm zu, und das war nicht
nur gelogen. Und als er mich bedauerte: *Wer weiß, wer
jetzt hierher verlegt wird!*, nickte ich und machte ein
bedenkliches Gesicht. Es wäre unfair gewesen, ihm zu
widersprechen.

Der Doppelgänger

Es war kein Stammtisch, wenigstens kein richtiger Stammtisch. Stammtische sind eine Bühne für Wiederholungen. Die gleichen Leute – fast immer: die gleichen *Männer* treffen sich zur gleichen Zeit am gleichen Ort. Die Bedienung hat es leicht; sie weiß, was die Gäste bestellen, und fast alle bestellen das Gleiche. Sie erzählen und hören nicht selten die gleichen Geschichten, und sie empfinden das nicht als Nachteil. Stammtische sind störungsfreie Orte der Selbstvergewisserung.

Hier ging es anders zu. Es gab keine reservierten Plätze, Prinzip war die Mischung, die Gäste wurden nicht sortiert. Sie sortierten sich selbst, und oft waren die Gruppierungen, die sich an einem Tisch zusammen fanden, von Zufällen mitbestimmt. Zu den guten Bekannten und den flüchtig Bekannten gesellten sich auch Leute, die man gar nicht gekannt hatte. Die Umgangsformen waren nicht einheitlich, die Temperamente verschieden. Auf den Tischen landeten bunte

Paletten von Getränken, vom Mineralwasser bis zum Aquavit; auch der Grad der Alkoholisierung war verschieden – und all die Verschiedenheiten machten die Szene lebendig und abwechslungsreich.

Zeitkritiker sprechen von einer fragmentierten Gesellschaft, und es ist ja wahr, nicht nur die Berufsbilder sind so unterschiedlich, dass man sich gegenseitig darüber kaum verständlich machen kann, sondern auch die Lebensstile driften auseinander. Aber es scheint mehr Gemeinsamkeiten zu geben, als diese Perspektive erwarten lässt, und sie sind die flexiblen Bauteile vieler Unterhaltungen: Warteschlangen und Parkplatznöte, Auffahrunfälle und Fitnesstraining, Einkaufsrabatte und Ladenschluss, Bundesliga und Tatort. In erstaunlicher Übereinstimmung war das Fernsehprogramm des vorausgehenden Abends durchgehechelt worden – alle hatten den Film im Zweiten gesehen, alle fanden ihn kitschig, und alle hatten bis zum Ende zugeschaut. Der Einzige, der ihn gar nicht so schlecht fand, betonte, dass er sonst dieses Zeug nicht einschalte, dass er sich aber das Pokern im Sportkanal auch nicht antun wollte. Und solche Filme seien allemal besser als die öden Shows, an denen sich eigentlich bloß Teenager aufgeilten. Mit dieser Bemerkung war der Vorhang vor dem ganzen TV-Panorama aufgezogen; vorsichtige Lobsprüche und deftige Beschimpfungen gingen hin und her, die *Lindenstraße* wurde gegen *Marienhof*, das *Großstadtrevier* gegen die *Lindenstraße* in Stellung gebracht, und die Namen der üblichen Verdächtigen tanzten über den Tisch: Gottschalk und Waldi, Anne Will und Frank Plasberg, Odenthal und Schimanski, Iris Berben und Hape Kerkeling.

Gestern Nacht, die Harald-Schmidt-Show…, sagte eine junge Frau am Tisch; *Schmidt und Pocher*, berichtigte ihr Gegenüber. *Das war vorgestern*, erwiderte die Frau, *er ist schon lang wieder solo*. Sie hatte auch die Erklärung, warum Harald Schmidt besser allein auftritt: Er spiele ja doch alle an die Wand. *Vielleicht auch, weil er sich nicht an die Wand spielen lassen will*, entgegnete ein junger Mann und wollte eigentlich eine längere Beweiskette nachschieben, als der ältere Herr am Tischende mit einem *Scht!* dazwischen fuhr und mit aufgeregten Gesten seine Aufforderung zum Schweigen unterstrich. Die Tischgenossen reagierten, gaben aber zu erkennen, dass sie ihn nicht verstanden. *Was scht?* fragte einer. Die Antwort war eine erneute Geste. Ohne sich umzudrehen, wies der Alte mit dem Daumen nach rückwärts; die Anderen folgten mit ihren Blicken, tuschelten und verstanden: Im Nebenraum am ersten Tisch saß – Harald Schmidt.

Die Verständigung darüber erfolgte teils stumm, teils in zurückgenommener Lautstärke: *Tatsächlich!* –

Na ja, er kommt ja aus der Gegend. – Aus dem Sudeten-
land kommt er! – Er nicht, seine Eltern. Er ist hier aufge-
wachsen. Einer, der schon ein paar Striche auf seinem
Bierdeckel hatte, hörte sich die Kommentare an, schaute
dabei aber ungeniert nach hinten und lachte schließlich los, als er seiner Sache sicher war: *Von wegen*
Harald Schmidt, sagte er – *da merkt man, dass Ihr nicht*
unter die Leute kommt. Den kennt doch jedes: Er schafft
beim Bosch, und bei Betriebsfeiern und Vereinsfesten tritt
er auf als Dirty Harry. Alle schauten nun etwas dreister
auf den Mann im Nebenzimmer und taxierten ihn: Man
könne tatsächlich meinen, es sei der richtige Harald
Schmidt; von der Figur, vom ganzen Aussehen her sei
er eine gute Kopie, die künstliche Art, wie er sein Gesicht verziehe, sei typisch Harald, und offensichtlich
stilisiere er ja auch seine Kleidung entsprechend. *Ja*,
bestätigte der Mann, der ihn kannte, *und nicht nur das:*
Er ist unheimlich witzig, und er greift immer Dinge aus
der Lokalpolitik auf. Sein Auftritt sei meistens der
Höhepunkt, wenn ein Fest gefeiert werde.

All das wurde in gedämpftem Ton vorgetragen; die
junge Frau flüsterte mit ihrem Begleiter; und der alte
Herr, der als erster auf den Mann aufmerksam geworden war, suchte ein neues Thema zu installieren, indem er den Wein lobte. Aber der Doppelgänger hatte
offensichtlich bemerkt, dass von ihm die Rede war; er

hatte rasch bezahlt und kam aus dem Nebenraum, im schwarzen Anzug, mit langem offenem Mantel, in elastisch wiegendem Schritt ging er an dem Tisch vorbei der Türe zu. Alle waren verstummt und starrten ihn an; die Situation war peinlich, und die Peinlichkeit wurde eher zurückgefahren, als der Angeheiterte sich an den Doppelgänger wandte: *Na Harry, schon Feierabend? Setz dich doch zu uns!* Er rückte den leeren Stuhl neben sich zurecht, verstellte Harry damit nicht gerade den Weg, verlieh seiner Einladung so aber doch Nachdruck. Der Doppelgänger schaute kurz auf seine Uhr, *Na ja, auf ein Glas!* sagte er, setzte sich, und die Bedienung, aufmerksam geworden, brachte ein frisches Pils.

Der Regie geführt hatte, schaute triumphierend in die Runde, sagte aber nichts; und auch von den Anderen sagte keines ein Wort – einerseits, weil das vorherige Thema durch die Präsenz des Doppelgängers abgeschnitten war, und andererseits, weil für die um den Tisch Sitzenden nicht recht klar war, ob sie den Mann nun als Harald Schmidt oder als dessen Imitator adressieren sollten. Einer kam schließlich auf den Ausweg, die Entscheidung darüber dem Mann selbst zu überlassen; als die Pause heikel zu werden begann, fragte er jovial: *Na, und wie geht's denn so?* Die Antwort kam prompt: *Hier eigentlich immer gut*, sagte der Doppelgänger – er komme ja nur noch selten nach Nürtingen;

die Freunde von einst seien großenteils weggezogen, und er selber habe ja nun auch schon viele Stationen hinter sich: Rottenburg, Stuttgart, Augsburg, Düsseldorf, Bochum, und jetzt schon lange Köln. Es klang etwas bemüht; aber der biographische Abriss war fehlerlos – gut einstudiert, sagten die Mienen der Tischgenossen, die sich gegenseitig und die auch ihm zunickten.

Aber die Schulzeit habe er doch hier verbracht, sagte die junge Frau – eigentlich nicht fragend, sondern sehr bestimmt und fast demonstrativ, als wolle sie dem Doppelgänger zu erkennen geben, dass auch sie Internet und Wikipedia nützen könne. *Ja*, sagte der, er habe hier sogar sein Abitur gemacht, am Hölderlin-Gymnasium. Das war für den Angeheiterten, der sich keinen Mut mehr antrinken musste, das Stichwort für eine Quizfrage: *Wer ist der berühmteste Schüler von Nürtingen?* Sofort rief der Doppelgänger: *Ich natürlich!* Er rief es mit gespielter Arroganz, die eigentlich deutlich machte, dass er das nicht wirklich meinte; aber der Fragesteller war offensichtlich überzeugt, ihn bei einer Fehlleistung ertappt zu haben – triumphierend stellte er fest: *Nein, Hölderlin, Friedrich Hölderlin*, und er wiederholte den Namen noch mehrmals. *Nun gut*, räumte der Doppelgänger ein, *dann bin ich eben der Zweitberühmteste*. Der Angeheiterte lachte. *Falsch*, sagte er, *Peter Härtling*. Der Doppelgänger verzog, ohne etwas zu sagen, die Lippen, spielte für einen Moment beleidigt, nickte dann aber lachend.

Die junge Frau fragte, ob der Job denn sehr anstrengend sei. Sie bot mit dieser Frage eine Weichenstellung an: Der Doppelgänger hätte darauf ja doch antworten können mit dem Hinweis auf sein langwieriges Training, auf die mimische Vorarbeit vor dem Spiegel, auf die extreme Konzentration bei jedem Auftritt, damit er nicht aus seiner Rolle als Harald Schmidt falle. Aber er hatte sich entschieden, auch jetzt diese Rolle beizubehalten. *Nein*, sagte er, *jetzt eigentlich nicht mehr so* – früher, als er fast jeden Tag seine Vorstellung hatte, sei es anders gewesen, und außerdem entwickle man ja doch eine gewisse Routine. Das sei allerdings nicht ungefährlich, die Zuschauer rechneten zwar mit gewissen eingefahrenen Scherzen, aber wenn gar nichts Überraschendes dabei sei, bekomme er das zu spüren – in der Zurückhaltung des Publikums, aber auch in aggressiven Kritiken.

Ob er denn jetzt, hier in der Gaststube, spontan eine typische Schmidt-Szene entwickeln könne, wurde er gefragt. Er lachte. Das sei doch eine typische Schmidt-Szene hier – er als der drittberühmteste Nürtinger Schüler auf sentimentaler Reise in seinem Heimatort. Gut, auf der Bühne hätte er dabei wahrscheinlich Schwäbisch gesprochen, aber hier sei so ein künstliches Arrangement ja nicht notwendig. Erst bei diesen Worten fiel es den Leuten am Tisch auf, dass der Doppelgänger auch in seiner Sprache ganz dicht am Original war; er hatte jeden Dialektanklang zurückgelassen. Dass er ausgerechnet den Dialekt als künstliches Arrangement bezeichnete, wollte freilich nicht allen einleuchten – es sei doch umgekehrt, das Reden in der Schriftsprache sei doch ein künstliches Arrangement. *Nicht für den, der's kann*, sagte er, *und nicht auf der Bühne.* Und übertrieben artikulierend fügte er auf Schwäbisch hinzu: *Noi noi, koin Dialekt, auf koin Fall uf em Theader!*

Auch das, ein perfektes Kunst-Schwäbisch, kannte man von Harald Schmidt, und der junge Mann, der neben seiner Freundin saß, war im Begriff, dem Doppelgänger nun doch ausdrücklich ein Kompliment zu machen. Der schaute wieder auf seine Uhr, und von der Theke her kam der Wirt, der sich bisher nicht hatte sehen lassen, an den Tisch. *Herr Schmidt*, sagte er, *Ihr Taxi wartet.* Dann erinnerte er ihn noch daran, dass er ihm Autogrammkarten versprochen habe, und er erhielt gleich einen ganzen Stoß. *Und nächste Woche* – er brauchte nicht auszureden, die Antwort kam prompt: *Ja, alles klar, die Karten liegen bereit; und Sie bleiben in Köln über Nacht?* Die beiden gingen zur Tür; die bunte Gesellschaft am Tisch war verstummt, nur dem Angeheiterten hatte es nicht die Sprache verschlagen. Er rief zur Tür hinüber: *Nächsten Samstag sehn wir uns beim Liederkranz!* Eine Antwort bekam er nicht mehr; die Tür war hinter den beiden ins Schloss gefallen.

Am Tisch sagte schließlich einer: *Das war Harald Schmidt.* Und vorwurfsvoll an denjenigen gewandt, der ihn herzitiert hatte: *Von wegen Doppelgänger!* Aber der ließ sich nicht aus der Ruhe bringen. *Das war typisch Harald*, sagte er: *spielt seinen eigenen Doppelgänger!*

Cliffhanger

Zuerst dachte er, erschrocken, er habe ein falsches Zimmer aufgeschlossen; dann dachte er, das Zimmermädchen habe vergessen, den Fernseher auszuschalten – bis er auf dem Bildschirm las: »Herzlich willkommen, Herr Pfarrer Maier!« Er war kein großer Reisender, und wenn er in eine andere Gemeinde kam, war die Einladung durch die dortigen Kollegen so gut wie selbstverständlich – er kannte also diesen aufdringlichen Service nicht, der in der unpersönlichen Hotelatmosphäre ein persönliches Signal setzen sollte. Der Gruß war untermalt durch ziemlich laute Musik; er griff nach der bereit liegenden Fernbedienung; der Aus-Knopf – vielleicht war es ja auch der falsche – funktionierte nicht, aber wenigstens gelang es ihm, die Lautstärke zu vermindern. Er packte den Koffer aus und inspizierte den Raum, und als er die Minibar entdeckt hatte, holte er ein Fläschchen Bier heraus. Er hatte zwar schon unten mit dem Prälaten getrunken; aber der war ein Muster der Mäßigung, und da wollte auch er nicht den Säufer spielen. Allerdings überlegte er, ob sich jetzt wohl auch der Prälat – er hatte das Zimmer neben seinem – aus der Bar bediene.

Da der Fernseher immer noch lief und unermüdlich herzliches Willkommen verkündete, machte sich Pfarrer Maier erneut an der Fernbedienung zu schaffen, und nach ein paar offensichtlich falschen Griffen gelang es ihm, das hausinterne Programm zu beseitigen und auf die normale Programmleiste umzuschalten. Er zappte durch die verschiedenen Sender und Angebote. Es war spät, und er hatte nicht die Absicht, jetzt noch irgendeinen Film anzusehen, deshalb blieb er immer nur für Sekunden bei einer Szene, ehe er sich weiter bewegte. Lediglich die Werbespots – und die gab es auch zu dieser Nachtzeit noch reichlich – sah er etwas genauer an; zuhause legte seine Frau Wert darauf, dass private Programme gar nicht eingeschaltet wurden, weil sie die Werbung an sich schon unsittlich und die Einfälle der Werbetexter primitiv fand, was in vielen Fällen stimmte, aber – er war um ein faires Urteil bemüht – bestimmt nicht in allen.

Die Zahl der Programme war größer, als er geahnt hatte. Bei einigen Zahlen blieb der Bildschirm leer, aber dann war doch wieder der Ausschnitt einer Show oder ein Film zu sehen, oft Krimis und phantastische Abenteuer mit schießfreudigen Szenen, etwas seltener

Liebesszenen und auch aufwendige Ausstattungsfilme. Beim 37. Kanal war er schon angekommen. Der 38. bot eine Überraschung, die ihn in Schwierigkeiten brachte. Auf einem großen, mit goldfarbenen Bordüren verzierten Bett lagen zwei Frauen, eine auf dem Rücken und die andere auf dem Bauch, beide in verführerischen Posen, wie man wohl sagte, und dem Bett näherte sich ein völlig nackter Mann, den man nur von hinten sehen konnte, dessen muskulöser Körperbau aber unverkennbar war. Der Pfarrer wusste, was bevorstand, er wusste, dass er eigentlich abschalten sollte, und er wusste auch, dass er, wenn er wirklich den Aus-Knopf nicht fände, einen anderen Kanal wählen könnte. Aber die Neugier hielt ihn fest. Auch dann, als er in einer kleinen, aber gut lesbaren Einblendung den Hinweis erhielt, wer weiterhin bei dem Programm bleibe, bekomme die Gebühr in Rechnung gestellt. Der Mann auf dem Bildschirm wandte sich der auf dem Rücken liegenden Frau zu; man sah ihn jetzt auch von vorne, und er kam erstaunlich schnell zur Sache.

Der Pfarrer schaute nur noch ein paar Sekunden zu. Oder doch eine ganze Minute? Er hätte es nicht mit Sicherheit sagen können. Jedenfalls gewann seine Abneigung gegen die sündige Demonstration die Oberhand, vielleicht allerdings auch deshalb, weil die monotonen Bewegungen des Paars den Charme eines antiquierten Lehrfilms ausstrahlten. Natürlich war später mit Variationen zu rechnen; aber zunächst war es nichts als eine Art Leistungsschau, die sich auch in den angestrengten Gesichtern spiegelte. Und ihn hatte ja – wenigstens legte er sich das zurecht – weniger die blutte Vereinigung interessiert als das Ambiente, die Inszenierung. Zum Beispiel hatte ihn überrascht, dass beide Frauen recht üppig mit Kleidungsstücken ausgestattet waren, die er freilich hätte weder beschreiben noch benennen können, die aber alle die Stellen frei ließen, für die Kleider abgesehen von ihrem rein praktischen Zweck in erster Linie geschaffen waren. Für ihn war Nacktheit der entscheidende und auch schon etwas verbotene Schritt zu erotischer Lust; er fragte sich, wie seine Frau, und wie er auf seine Frau reagieren würde, wenn sie so drapiert wäre – aber dann wischte er solche Gedanken beiseite, verfolgte noch ein paar Minuten einen Boxkampf, zu dem er geschaltet hatte, und drückte dann den Knopf am Gerät selbst. Er zog sich aus, sah sich in dem großen Spiegel und registrierte, dass sein schmächtiger Körper wahrscheinlich jeden Pornofilm zur komischen Klamotte machen würde, ging schnell unter die Dusche und auch schnell ins Bett, um sich dem Schlaf zu überlassen.

Aber der wollte nicht. Es quälte ihn, dass er zu spät abgeschaltet hatte. Und auch zu früh, dachte er. Es beschäftigte ihn, dass die zweite weibliche Person in der Szene, die er zuletzt gesehen hatte, ausgeblendet war; es war ja doch höchst unwahrscheinlich, dass sie nur als schöne Garnierung eingesetzt war. *Cliffhanger*, dachte er. Das war ein Wort, das er zum ersten Mal gelesen und begriffen hatte in der Besprechung eines mehrteiligen Fernsehfilms, dessen erste Folge damit endete, dass die Hauptdarstellerin hilflos im Schnee lag – nicht auf einer Klippe, sondern am Hang, aber so, dass die Rettung ungewiss war, wenn man davon absah, dass sie, als Hauptdarstellerin, auch im zweiten Teil gebraucht wurde. Er hatte sich die Vokabel angeeignet und hatte sie schon mehrfach in einer Predigt verwendet: Das Neugeborene im Schilf, 2. Buch Moses – Cliffhanger. Vielleicht war es ja die falsche Metapher angesichts der feuchten Umgebung; aber zunächst wusste man nicht, ob Rettung möglich war, konnte freilich so optimistisch sein wie bei den Mehrteilern im Fernsehen. Dann hatte er von Cliffhanger gesprochen, als er den dramatisierenden Zugriff der Evangelisten besprach. Und einmal hatte er den Begriff zum zentralen Predigtthema gemacht, indem er als Cliffhanger die Situation an jedem Lebensende bezeichnete, die für die Gläubigen durch die Aussicht auf eine Fortsetzung abgesichert sei. Und jetzt wieder: Cliffhanger. Das mit dem Hänger sei wohl kaum das richtige

Bild, sagte er sich, und er schmunzelte dabei sogar ein wenig.

Kurz erwog er, aufzustehen und erneut den Kanal 38 zu wählen. Es wäre die Fortsetzung seines sündigen Treibens gewesen, und dieser Gedanke bremste ihn. Andererseits drängte sich ihm die ökonomische Überlegung auf, dass er ja wohl für eine Spanne von Sekunden zur Kasse gebeten werde und dass er für den stattlichen Preis – er war in der Einblendung angeführt – mehr fordern dürfe. Aber er war keineswegs sicher, dass die Gebühr im Wiederholungsfall nur einmal anfiele. Dies erleichterte ihm die Entscheidung. Er widerstand der Versuchung – der Prälat hätte gesagt: dem Versucher. Überhaupt der Prälat! Er suchte sich in seiner Erinnerung zu vergewissern, dass der Ton während der Sexszene fast auf Null reduziert war; es beruhigte ihn einigermaßen, dass er ja schon die penetrante Begrüßungsmusik herabgedimmt hatte. Aber jetzt drang von der Straße kaum mehr Lärm herauf, und es war so still im Hotel, dass möglicherweise auch bei reduzierter Lautstärke verräterische Geräusche durch die Wand dringen konnten – ein willkommenes Hilfsargument für seinen moralischen Entschluss zum Verzicht.

Aber was war mit der Rechnung? Er saß schon am Bettrand und hatte den Telefonhörer in der Hand, um den Portier anzurufen und ihn zu bitten, den Pay-TV-

Betrag zu integrieren und nicht eigens auszuweisen. Aber dann kamen ihm Bedenken: Der Nachtportier konnte und, vor allem, durfte das wohl nicht; und, wichtiger noch, es bestand ja immerhin die Aussicht, dass ähnlich wie bei Geschwindigkeitsüberschreitungen eine Toleranz einkalkuliert war, die ihn möglicherweise von der Gebühr entlastete – schließlich hatte er sich nach ganz kurzer Zeit ausgeklinkt.

Er fürchtete zwar auch die Konfrontation mit der zuständigen Person am Hotelempfang – es war ja durchaus wahrscheinlich, dass es sich um eine weibliche Person handeln werde –, aber problematischer war, dass die Positionen auf der Rechnung zur Kontrolle durch den Kunden möglicherweise lautstark verlesen würden. Wenn dann der Prälat dabei stünde – nicht auszudenken; und selbst die Gegenwart von ganz und gar Fremden wäre ihm dabei in hohem Maße peinlich. Er kam zu dem Entschluss, schon unmittelbar mit Beginn der Frühstückszeit hinunter zu gehen; da konnte er damit rechnen, dass schlimmstenfalls einige Jogger durch die Hotelhalle liefen. Er suchte die entsprechenden Schalter und Knöpfe an dem bereitstehenden Hotelwecker; als er die Einstellung überprüfte, schoss grelle Popmusik aus dem Lautsprecher, schnell drehte er den Zeiger für die Weckzeit weiter, warf noch einen Blick auf die Anzeige und löschte das Licht. Was er tun konnte, hatte er getan – und, so redete er sich zu, eigentlich sei es ja eine lächerliche Angelegenheit, bei der er eher Opfer als Täter war.

Er schlief ein; aber sein Schlaf war äußerst unruhig. Traumbilder verfolgten ihn: Die zweite Gespielin – er definierte sie in seinem Traum tatsächlich als Gespielin, obwohl diese Vokabel, wie er sich ebenfalls im Traum zurecht legte, nicht zu seinem Wortschatz gehörte – die zweite Frau also blickte über ihre Schulter und wandte sich ihm zu, ohne ihre reichlich dubiose Stellung aufzugeben, und sie sagte mit rauchiger Stimme: *Herzlich willkommen, Herr Pfarrer Maier!* Er hatte die Fernbedienung in der Hand und suchte nach der Taste zum Ausschalten, erreichte aber nur, dass die Dame ihren Gruß etwas lauter wiederholte. Das löste einige Schläge gegen die Wand aus; *Ruhe!* rief jemand – er war unsicher, ob es die Stimme des Prälaten war oder die eines anderen Zimmernachbarn. Jedenfalls wachte er schweißgebadet auf und rekapitulierte im Halbschlaf die erlebte Szene.

Am nächsten Morgen hatte er das Gefühl, stundenlang überhaupt nicht geschlafen zu haben. Das entsprach nicht den Tatsachen: Angstvolle Traumsequenzen setzten sich in seinem Halbschlaf fort und gaben seinen wachen Überlegungen eine düstere Färbung. Seine Gedanken blieben nicht nur bei seiner *Urszene*, wie er sie in erheblicher Abweichung von Freud etikettierte. Er glaubte plötzlich Handlungen zu verstehen, die er immer nur als moralisch verwerflich und zudem dumm betrachtet hatte: Fahrerflucht nach der harmlosen Beschädigung eines anderen Autos, oder gar die rabiate Zerstörung eines ›Starenkastens‹, in dem eine Geschwindigkeitsüberschreitung dokumentiert war. Er hätte, gestand er sich ein, sofort das Fernsehgerät zerstört, wenn er damit seinen Fehltritt hätte vertuschen können – wobei er einräumte, dass es ihm rein physisch schwer fiele, das große Gerät auf den Boden zu schmettern, und dass seine technischen Kenntnisse nicht ausreichten, eine wirksame Zerstörung auf andere Weise zu bewerkstelligen. Sie reichten aber immerhin aus, ihm deutlich zu machen, dass sein Zugang zum Kanal 38 bereits registriert war. Die Ausweglosigkeit, in die dieser und einige andere Gedankengänge mündeten, drängte ihn wieder in den Schlaf, der freilich weiterhin nur flach und durchbrochen von kuriosen Bildern war: Der nackte Mann, der nun dem Prälaten ähnlich sah; die beiden Frauen, die es sich bei ihm zuhause in seinem Schlafzimmer bequem gemacht hatten und auf die er höflich einredete, sie möchten jetzt gehen; eine der beiden, die am Empfang saß, ihm zuzwinkerte und sagte, sie habe für den Erwachsenenfilm – sie nannte das tatsächlich *Erwachsenenfilm* – nur den halben

Preis berechnet; er selbst in der Hotelhalle, umgeben von Dutzenden anderer Gäste, denen er den Vortritt lassen wollte, die aber der Empfangsdame bedeuteten, ihn zuerst abzufertigen. Dann wieder überblickte er die ganze Problemlandschaft und sah ein, dass er nichts daran ändern könne und alles Weitere ungewiss sei. *Cliffhanger.*

Spät in der Nacht und in den frühen Morgenstunden hatte er jedenfalls geschlafen. Der Wecker hatte entweder nicht funktioniert, oder er hatte ihn vor Erschöpfung nicht gehört. Er sprang aus dem Bett, rasierte sich, um wenigstens nicht gleich durch ungepflegtes Aussehen aufzufallen, zog sich an, packte seinen Koffer und – wollte zum Aufzug eilen, als ihm ein glücklicher Einfall kam: Er hatte zwar die frühe Stunde versäumt, in der sich noch niemand um die Theke in der Halle drängte; aber erfahrungsgemäß – und diese Erfahrung hatte selbst er als Wenigreisender – war die Stoßzeit am Empfang auch schnell wieder vorbei. Er war hungrig und hätte gerne eine Tasse starken Kaffee getrunken, um richtig zu sich zu kommen; aber er entschloss sich, aufs Frühstück zu verzichten und möglichst spät ans Bezahlen zu gehen, so, dass er gerade noch rechtzeitig zu seinem Zug käme. Er wartete eine ganze Zeitlang. Es war ein quälendes Warten, weil der Erfolg ungewiss war und weil ihm natürlich der Grund für sein Warten nicht aus dem Kopf ging. Gedanken wirklicher Reue, wie sie ihm seine Profession nahelegte, kreuzten sich mit der verwegenen Vorstellung, jetzt noch einmal auf den fraglichen Kanal zu schalten, weil um diese Zeit wahrscheinlich ja nicht mehr registriert werde. Aber vor allem dachte er an den Prälaten, der ja den gleichen Zug gebucht hatte und der jetzt sicher beim Frühstück saß.

Er kalkulierte sehr knapp; wahrscheinlich hätte er seinen Zug versäumt, wenn es auch nur den geringsten Stau am Empfang gegeben hätte. Aber die Dame – tatsächlich war diesmal kein Mann hinter der Theke – winkte freundlich ab, nachdem er seinen Zimmerschlüssel abgegeben und möglichst nonchalant um die Rechnung gebeten hatte: Es sei alles erledigt, die habe der Herr Prälat schon bezahlt. Ihm wurde heiß im Kopf. Beinahe hätte er nachgefragt, was *alles* bedeute; aber er korrigierte sich und fragte nur: *Auch das Bier?* Sie sagte: *Ja, alles.* Er hatte den Eindruck, dass sie ihn dabei nicht besonders musterte; das konnte deshalb sein, weil tatsächlich keine TV-Gebühr angefallen war, aber natürlich auch deshalb, weil ein solcher Posten auf der Rechnung für sie nichts Außergewöhnliches war – er war nämlich überzeugt, dass mehr oder weniger alle anderen Gäste des Hotels den Kanal 38 benutzt hatten, und an seinem Ärger über sich selbst war der Umstand beteiligt, dass er zu einer selbstkritischeren Haltung verurteilt war als alle andern, aber auch, dass er etwas von dem Eliteanspruch verloren hatte, den er gegenüber der unwissenden und deshalb in Sünden verstrickten Masse behauptete. Jedenfalls war eine Klärung des Sachverhalts ohne die Rechnung nicht möglich. Er griff nach seinem abgestellten Koffer, als der Prälat, schon im Mantel und mit Gepäck, aus dem Frühstücksraum trat.

Er schien gut gelaunt, reichte dem Pfarrer freundlich die Hand und sagte zu ihm, er gehöre offenbar zu den Frühaufstehern – er dagegen habe eben erst seinen Kaffee getrunken. Das forderte nicht unbedingt eine Berichtigung. Aber dem Pfarrer schien es angebracht, seinen Verzicht aufs Frühstück zu bekennen; er fühle sich nicht besonders wohl heute, sagte er wahrheitsgemäß – und merkte, als er es gesagt hatte, dass es für den Prälaten nahe lag, diesen Zustand auf nächtliche Ausschweifungen zurückzuführen, vorausgesetzt, er hatte zusammen mit dem Zimmerpreis und den geringen Kosten für das Getränk auch die besondere Fernsehnutzung bezahlt. Vielleicht, dachte er in einem Anflug von Zivilcourage, vielleicht sollte ich einfach nachfragen – aber der Mut verließ ihn gleich wieder, und er redete sich ein, es sei eigentlich ja unwahrscheinlich, dass die Registrierung so schnell nach der Vorwarnung erfolge; überhaupt, kam ihm in den Sinn, überhaupt müsste da im Grunde eine zweite Warnung installiert sein, da Unerfahrene das gar nicht so schnell erfassen könnten. Andererseits: Er hatte es erfasst, und er war gewiss unerfahren. Er bedankte sich, höflich, aber nicht allzu intensiv, für die Bezahlung der Rechnung. Der Prälat wehrte ab: Das sei doch selbstverständlich – was er streng genommen nicht hätte sagen dürfen, wenn er über den Fernsehkonsum informiert war. Aber ein sicheres Signal war das nicht.

Die Bahnfahrt, sie war glücklicherweise nicht allzu lang, verlief schleppend. Sie wechselten ein paar belanglose Worte über Verspätungen, Preissteigerungen und den Trend zur Automatisierung. Ihn störe diese Art des Kaufs von Fahrkarten sicher nicht, unterstellte der Prälat dem Pfarrer (und lag damit falsch), aber *für uns Ältere*, fügte er hinzu, ohne den Satz zu beenden. Er griff nach dem Buch, in das er ein von Kinderhand bemaltes Lesezeichen gesteckt hatte; es war eine theologische Abhandlung zu ökumenischen Fragen. *Aus dem Küng-Institut*, sagte er, *aus der Kuschel-Ecke*. Das bezog sich auf einen Kollegen Küngs, der alle paar Monate ein neues Buch herausbrachte – aber die Gedanken des Pfarrers drifteten bei Kuschelecke sofort ab zu seinem nächtlichen Bildschirmerlebnis. Erneut bedrängte ihn die Forderung, Farbe zu bekennen;

und vielleicht – so rechtfertigte er sich später vor sich selbst – vielleicht hätte er den Prälaten ja angesprochen, wenn der sich nicht schon in sein Buch vertieft gehabt hätte. Zwar wandte der sich hin und wieder – kapitelweise wahrscheinlich – mit kurzen Bemerkungen an den jüngeren Kollegen, der eine Zeitung aufgeschlagen hatte; aber es war keine sehr persönliche Unterhaltung. Das Gespräch war auf seiner Seite geprägt von einer kühlen Freundlichkeit, die Sympathie erkennen ließ, jedoch immer sachlich blieb. Aber, beruhigte sich der Pfarrer, so war er im Grunde immer. War er im Grunde immer so? Er zweifelte nach wie vor, ob der Prälat das Außerdienstliche dieser Nacht nicht bloß aus der seiner Stellung angemessenen Dezenz heraus überging; und er war erleichtert, als er nach der Verabschiedung allein zur U-Bahn ging.

Aber das war nicht das Ende seiner Zweifel. Mit einer gewissen Selbstzufriedenheit registrierte er, dass es ihm jetzt nicht mehr um die Blamage vor einem Vorgesetzten gehe, sondern ausschließlich um seine eigene Balance. Er war nach wie vor überzeugt, dass er sich falsch verhalten hatte; aber gleichzeitig setzte ihm der Gedanke zu, dass es sich ja doch um eine Bagatelle gehandelt habe und dass er sich einer recht fragwürdigen Tradition seiner Kirche aussetze, wenn er eine sexuelle Verfehlung stärker gewichte als alles andere. Er spürte auch, dass *sexuelle Verfehlung* ein so dramatischer Ausdruck war, dass sein kleines Hotelerlebnis zu einer Nichtigkeit zusammenschrumpfte. Es wurde ihm klar: Ihn störte eigentlich nur noch, dass es ihn störte.

Eines Tages kam ihm ein verwegener Gedanke. Es war bei der Rückfahrt vom Kirchentag – vielleicht eine rebellische Aufwallung nach tagelangen Frömmigkeitsetüden: Er musste das Hotelabenteuer in die richtige Dimension bringen, indem er seine erotische Horizontlinie etwas verschob. Als er wieder einmal unterwegs war, nutzte er einen Zwischenaufenthalt und ging, gleich gegenüber dem Bahnhof, in eine Videothek, die einen reichlich obskuren Eindruck machte und deren Hauptumsatz tatsächlich durch die Vorführung schräger Filme zustande kam. Er trug zu diesem Umsatz bei und betrachtete mit gespielter Nachlässigkeit einen Sexfilm, anfangs mit demonstrativem Desinteresse, das er sich selbst verordnet hatte, dann tatsächlich mit wachsender Gleichgültigkeit – im ganzen mit der für die meisten Rezipienten üblichen Mischung aus Erregung und Langeweile.

Geheilt entlassen, konstatierte er, als er wieder ins Freie trat und zurück zum Bahnhof strebte. Aber genau dies war nicht der Fall. Der Besuch der Videothek belastete ihn nicht; er war ja doch angestoßen von einem quasi-wissenschaftlichen Interesse, nicht am

Sexualleben des 21. Jahrhunderts, sondern am Motivationsgitter seines eigenen Verhaltens. Merkwürdigerweise jedoch blieb ihm, was er im Hotel gesehen hatte, nicht nur deutlicher (*und farbiger*, wie er sich sagte) im Gedächtnis als alle Varianten des Videofilms, es blieb für ihn auch sehr viel verruchter – prickelnd verrucht, wie er sich eingestand, aber stets auch mit negativem Vorzeichen, für das er die Erinnerung an den Prälaten kaum mehr benötigte. Abgeschlossen war das nicht. *Cliffhanger.*

Charlys Tante

Die *gesellschaftlich relevanten Gruppen* – dies war die in den Statuten festgelegte Bezeichnung – waren alle vertreten: die christlichen Kirchen und die Parteien, der Landessportbund und die Gewerkschaften, die Hochschulen und die Künstlerverbände, die Arbeitgeber und die Jüdische Gemeinde, die Heimatvertriebenen und die Muslime, manche mit mehreren Personen und manche durch Einzelkämpfer – wenn man diesen Ausdruck überhaupt verwenden will. In aller Regel ging es ausgesprochen friedlich zu, und die wesentliche Funktion des Gremiums bestand in der Akklamation, die einige allerdings sehr wortreich zum Ausdruck brachten. Diesmal aber war eine Auseinandersetzung programmiert; in der Tagesordnung stand als erster Punkt: *Schlichtung »Unser Charly«.*

Der Vorsitzende des Rundfunkrats erteilte, wie es abgesprochen war, gleich dem Intendanten das Wort. Der neigte nicht zu umständlichen Vorreden, er wollte sofort zur Sache kommen. *Charleys Tante,* sagte er, es lasse sich nicht abstreiten, dass dieser Ausdruck wirklich gefallen sei, *Charleys Tante* – der Vorsitzende tippte ihn aufgeregt von der Seite an, aber der Intendant hielt es für eine versehentliche Berührung und fuhr eifrig fort: »*Charleys Tante*« sei zunächst ein englisches Theaterstück gewesen, *Charley's Aunt* – er schielte auf ein Kärtchen, das er vor sich auf den Tisch gelegt hatte – *von Brandon Thomas, 1892*, dann seien Stummfilme entstanden mit Oliver Hardy und danach mit Sydney Chaplin. Befriedigt registrierte er, dass ihn einige der besserwisserischen Rundfunkräte korrigieren wollten – *nein*, sagte er, *nicht Charlie Chaplin, sondern sein weithin vergessener Bruder.* Und dann habe es Tonfilme gegeben, auch in Deutschland, mit Heinz Rühmann und später mit Peter Alexander. *Die Älteren unter Ihnen werden sich sicher noch erinnern*, fügte er hinzu, mit leicht ironischem Unterton, weil fast alle Ratsmitglieder ein gutes Stück älter waren als er und einige noch über Rühmann hinaus zurückdenken konnten. Jedenfalls sei Charley in diesen Stücken kein Affe, sondern ein verliebter Student, und Charley's Tante eine humoristische Rolle, auf die sich die Sympathien der Zuschauer konzentrierten. Es gebe also eigentlich keinen Grund, in der Bezeichnung einen Affront zu sehen; trotzdem hätten diejenigen Mitglieder, die sich dieser Wendung in der Diskussion bedient hätten, ihre

Entschuldigung zum Ausdruck gebracht, und so bitte er die Vertreterin der Tierfreunde, diese Entschuldigung zu akzeptieren und damit den Streitfall zu beenden.

Einige Ratsmitglieder applaudierten, andere flüsterten untereinander oder sahen sich ratlos um; der Vorsitzende wandte sich an den Intendanten und wollte die entstandene Unruhe erklären, aber die angesprochene Tierfreundin kam ihm zuvor. Sie hatte kopfschüttelnd die Hinweise auf Theater und Film gehört und sagte, sie verstehe kein Wort. *Charleys Tante* – sie sei die Letzte, die diese Bezeichnung als Beleidigung empfinde. Sie wisse, dass sie so genannt werde, und sie sehe darin eine besondere Ehre, auch wenn es von den Kollegen, die ihr den Namen angehängt hätten, nicht so gemeint gewesen sei. Ja, sagte sie, sie sei Charleys Tante, sie sei stolz auf diesen Namen – schließlich habe sie ja immer wieder einmal kämpfen müssen, um die Serie zu retten. Sie brauchte nicht zu erklären, welche Serie sie meinte; »*Unser Charly*« war schon mehrfach diskutiert worden, und im Lauf der Jahre hatten wohl alle Mitglieder die eine oder andere Folge angesehen – notgedrungen, wie die meisten betonten, tatsächlich aber gar nicht so ungern, weil der kleine Affe immer für putzige Streiche gut war, mochte die Handlung auch haarsträubend konstruiert sein.

Charleys Tante – nein: Charlys Tante, was freilich akustisch keinen Unterschied macht, nutzte die Gelegenheit, wortreich ihre Position den anderen Ratsmitgliedern zu verdeutlichen: Sie finde es wichtig, dass Charly zwar durch allerlei mutwillige Streiche die Sympathien der Kinder gewinne, dass er aber auch immer wieder auf Augenhöhe mit den Erwachsenen sei, mit denen im Film, dem Tierarzt und seiner Frau und ihren Freunden, aber auch mit den erwachsenen Zuschauern vor dem Bildschirm. *Auf Augenhöhe*, wiederholte sie, dieser Ausdruck sei ihr wichtig; es komme darauf an, dass man dem Tier in die Augen blicke. *Was Augen hat, essen intelligente Menschen nicht*, zitierte sie einen Werbespruch der Vegetarier. Ein beleibter, um nicht zu sagen adipöser Mann im Trachtenjanker, er hatte die gesellschaftlich relevante Gruppe der Jäger zu vertreten, warf mit breitem Grinsen ein, er habe noch nie gehört, dass jemand den Charly verzehren wolle, und obwohl er weit im Land herumkomme, habe er noch auf keiner Speisekarte Affenragout gefunden. Er hatte sich an seinen Nachbarn gewandt, aber so laut gesprochen, dass es alle hörten. Einige lachten laut, einer, ein parlamentarischer Hinterbänkler, rief *Sehr richtig!*, andere schüttelten missbilligend den Kopf, der Vorsitzende bat um Ruhe. Die Dame ließ sich nicht aus dem Konzept bringen, rühmte den Schimpansen

Charly wegen seines untrüglichen Instinkts, der ihn lange vor seinen Betreuern merken lasse, wer es ehrlich meine und wer ein Gauner sei. Und dann ging sie auf Konfrontation: Es hätte sie nicht verwundert, wenn der Einwand von den Linken gekommen wäre; aber aus dem bürgerlichen Lager, und sicher unterstützt von den Vertretern der Kirche, die das urchristliche Speiseverbot immer wieder als sektiererisch abstempelten, dies sei völlig unverständlich für sie – und doch auch wieder verständlich, weil ja doch für die katholischen Geistlichen der Verzehr von Fleisch eine Kompensationshandlung sei, so dass man sich nicht wundern müsse – an dieser Stelle unterbrach sie der Intendant energisch, und auch der Vorsitzende versuchte durch lebhafte Gesten die Diskussion in ruhiges Fahrwasser und in die vorgesehene Ordnung zu bringen.

Das gelang zunächst aber nicht. Charlys Tante schwieg beleidigt, aber die neben ihr sitzende Dame hatte sofort das Wort ergriffen und ohne Rücksicht auf die Befriedungsversuche des Intendanten ihre Tischnachbarin attackiert, und zwar nicht wegen ihres Angriffs auf die Geistlichkeit, sondern wegen ihres *falschen Tierbildes*. Wenn sonst jemand von Tierbildern sprach, waren fast immer Abbildungen gemeint, in Fotoalben und auf Gemälden, gesammelte Zigarettenbildchen oder auch Tierdarstellungen im Fernsehen. Für sie dagegen rückte *Tierbild* in eine ethische Dimension, dem *Menschenbild* vergleichbar; aber während sich um dieses Akademietagungen und dicke Bücher bemühten, war das Tierbild nach ihrer Auffassung viel zu selten ein öffentliches Thema. Der Intendant war offenkundig verunsichert; er suchte in seinen Papieren, wahrscheinlich nach der Anwesenheitsliste. Der Vorsitzende des Rundfunkrats, gewohnt, dem Intendanten den Vortritt zu lassen, zögerte einen Moment, unterbrach aber dann die engagierte Rede der Frau, die schnell noch einwarf, der TOP *Schlichtung* beziehe sich *nicht auf die Übernahme des Übernamens* (sie kostete diese Formulierung aus), sondern auf den unqualifizierten Ausdruck *Affentheater*, mit dem einige Herren – sie schaute durchdringend den Jagdrepräsentanten an – eine ernsthafte Diskussion um das Tierbild beiseite schieben wollten.

Der Intendant erinnerte sich nun, dass ihm der Vorsitzende bei der Vorbereitung der Sitzung tatsächlich diesen Streitpunkt genannt hatte, und es war ihm auch klar geworden, um wen es sich bei der zweiten Rednerin handelte. In einer längeren Prozedur hatte der Rundfunkrat dem Drängen einer Tierschutzorganisation nachgegeben, die sich durch Charlys Tante falsch oder gar nicht vertreten fühlte; man hatte eine zweite Tierfreundin aufgenommen. Das war vor seiner

Intendanz gewesen, aber er hatte es damals am Rande mitbekommen. Er suchte einen gleitenden Übergang, was ihm nur teilweise gelang: *Charlys Tante* habe er nur angeführt, um sicher sein zu können, dass nicht auch darin eine Diskriminierung enthalten sei, und er sei erleichtert, dass dies von der Betroffenen nicht so gesehen werde; aber jetzt wende man sich selbstverständlich dem eigentlichen Problem zu. *Affentheater*, sagte er, sichtlich unschlüssig, wie zu verfahren sei. Aber die Tierfreundin 2 hatte sich bereits korrekt zu Wort gemeldet und etwas weniger korrekt ohne weitere Aufforderung erneut das Wort genommen und damit begonnen, die Versammlung mit einer nicht enden wollenden Suada zuzudecken.

Es sei, hier sei sie sich ausnahmsweise einmal einig mit ihrer Kollegin, eine Frechheit, das ernsthafte Bemühen um ein verantwortungsvolles Tierbild als Affentheater abzutun, und sie lege Wert darauf, dass bei der Behandlung dieses Tagesordnungspunktes vor einer etwaigen Abstimmung die kontroversen Positionen noch einmal verdeutlicht würden. Ein präzises Protokoll hätte an dieser Stelle leises Raunen und vereinzeltes Stöhnen vermerken müssen – aber unbeirrt tischte die Rednerin ihre Argumente auf: Es gehe um ein Tierbild, das dem kulturellen Auftrag und dem Leitbild des Senders entspreche – *dem christlichen Leitbild!*

kam ein Zwischenruf von ihrer Nachbarin – und das sich modernen zoologischen Kenntnissen öffne. Was sich bei den Charly-Filmen abspiele, sei eine biologische Verballhornung; wenn ein Affe in Kleider gesteckt und mit Schokolade gefüttert werde, sei dies ein Verstoß gegen die Natur und *alles andere als artgerecht.* Die Tierfreundin 1 war unruhig geworden. Sie unterbrach die Kollegin mit der Bemerkung, was Gottschalk und Stefan Raab machten, sei auch nicht ›artgerecht‹, und ob es etwa einem richtigen Menschen- und Tierbild entspreche, wenn ein paar Verrückte nur die Wahl zwischen Kakerlaken, Würmern und Heuschrecken hätten. *Da hat sie recht!* kam ein Zwischenruf; der Vorsitzende sah berechtigterweise die Gefahr, dass sich das Gremium auf das Dschungelcamp und ähnliche Horrorszenarien einschießen könnte. Deshalb forderte er die Tierfreundin 2 auf, fortzufahren und ihre Sicht der Dinge vorzustellen. Die Tierfreundin 1 protestierte: Man dürfe doch an die Reihe *Unser Charly* nicht mit den Maßstäben der Wissenschaft herangehen; es handle sich um eine Inszenierung, ein Spiel – *Affentheater!* rief einer dazwischen; der Intendant überlegte, ob er den Zwischenrufer zurechtweisen solle, unterließ es aber, weil sich der Ausdruck diesmal auf die Filmserie und nicht auf die Auseinandersetzung der beiden streitbaren Damen bezog. *Natürlich ist es ein Affentheater,* nahm deshalb Tierfreundin 1 selbst den Ball auf – *ein fröhliches Theaterstück für die ganze Familie, nicht zuletzt für Kinder, die sehr schnell Freundschaft mit Charly schließen.*

Mit dem Stichwort *Kinder* provozierte sie die Kollegin zur energischen Gegenrede. Genau hier liege das Problem: Auf der einen Seite werde das Tier verniedlicht; Kinder sähen in Affen herzige Spielkameraden, während ja doch größere Affen, auch die Schimpansen, in der Freiheit junge Säugetiere jagten. Und andererseits bleibe auch völlig im toten Winkel, wie die Fernsehaffen für ihre Rolle dressiert würden – *Es ist immer ein Tierarzt am Set!* rief Tierfreundin 1 dazwischen – und was mit ihnen passiere, wenn sie ausgemustert würden oder wenn die Reihe abgesetzt werde. *Was soll mit ihnen passieren?* rief die Kollegin. Es war als rhetorische Frage gedacht, aber die Antwort blieb nicht aus und führte zu den abstoßenden Prozeduren in biomedizinischen Labors, die von der Rednerin mit behaglichem Abscheu geschildert wurden. *Schimpansen werden bis zu 60 Jahre alt*, meldete sich die Tischnachbarin. Sofort kam die Entgegnung: *Und? Was hat das damit zu tun?*, worauf die Tierfreundin 1 wieder auf Charly zu sprechen kam und liebevoll erzählte, wie er allmählich in die Rolle hineingewachsen sei, dass er sich jetzt im Twenalter befinde und sicher noch lange in der Lage sei, seine lustigen Streiche vorzuführen. Sie zog dann schnell noch einige Vergleiche mit dem Märchen, in dem allerdings, wie sie einräumte, Affen nicht allzu häufig vorkommen, und machte dann einen Sprung zur Tierliebe Jesu, die sie, nicht ganz logisch, daran festmachte, dass schon die Krippe im Stall von Ochs und Esel bewacht war.

Der Intendant sah damit den Zeitpunkt gekommen, die Kontroverse abzubrechen. Er habe den Eindruck, sagte er, damit seien die verschiedenen Positionen, die in der Auseinandersetzung eingenommen wurden – da kam aus dem Hintergrund des Raums, gut zu hören, der Kommentar: *Affentheater!* Einen kleinen Augenblick zögerte der Intendant; aber er kniff die Lippen zusammen, nachdem er erkannt hatte, wer gesprochen hatte: Es war das älteste Mitglied des Rundfunkrats, Jahr für Jahr wieder vorgeschlagen von seiner, der größten Partei, im Ganzen freundlich, aber mit gelegentlichen Ausfallerscheinungen, die es wahrscheinlich machten, dass er den Streitpunkt gar nicht erkannt und das fragliche Wort rein assoziativ aufgenommen hatte. Der Intendant schaute leicht besorgt auf die feindlichen Schwestern, die aber, offenkundig befriedigt von ihren Auftritten, gute Miene machten; also fuhr er fort: Es sei inzwischen wohl allen Mitgliedern des Gremiums klar geworden, mit welch hohem Maß an Verantwortungsbewusstsein seine Vorrednerinnen debattiert und ihre Einstellungen dargelegt hätten; er weise ausdrücklich noch einmal den mit Recht inkriminierten Ausdruck *Affentheater* zurück und sei überzeugt, dass das geschärfte Profil solcher Diskussionen letztlich dazu beitrage, die Aufgaben des Rates immer noch besser zu erfüllen.

Der Rest der Sitzung wurde, obwohl er eine ganze Reihe von Tagesordnungspunkten umfasste, schnell abgewickelt. Der Diskussionsbedarf war offensichtlich schon gedeckt, und der Intendant warf keine dringlichen Fragen mehr auf. Er drängte auf ein rasches Ende, und ein wenig spielte er mit dem Gedanken, dann gleich den Heimweg anzutreten. Aber er ging dann doch noch mit ins Casino. Das informelle Treffen dort war für viele Mitglieder des Rundfunkrats die Hauptsache. Sie hatten darauf gedrängt, dafür mehr Zeit vorzusehen, so dass die Sitzungen von einem Abendtermin auf den frühen Samstagnachmittag verlegt wurden, und das Zusammensein im Casino hatte sich von einem eher frugalen Stehempfang zu einem stattlichen Dinner entwickelt. Dafür waren allerdings nicht nur das allgemeine Wohlstandsklima und der gesteigerte Anspruch verantwortlich, die sich selbst in solchen offiziellen Gremien Geltung verschafften, sondern auch ein besonderes Ereignis, das schon einige Zeit zurück lag.

Wie bei fast allen derartigen Veranstaltungen waren auch bei den Stehempfängen im Funkhaus die angebotenen Kanapees selbst für großmäulige Typen zu groß und ihre Beläge meist nicht leicht zu trennen. Die durch viele Vernissagen geschulten Leute hatten eigenwillige Methoden der Bewältigung des Problems entwickelt, indem sie beispielsweise den Belag von Wurst oder Fisch oder Käse in kleineren Tranchen mit den oberen Zähnen in den Mund holten und die Unterlage danach entweder verzehrten oder, soweit sich eine Möglichkeit bot, unauffällig entsorgten. Weniger Erfahrene kamen dagegen nur schwer zurecht, und manche konzentrierten sich deshalb ausschließlich auf die Getränke. Zu ihnen gehörte auch der Intendant, der *frühere* Intendant; aber als er auf einer der Platten ein mit Russischem Ei belegtes Brot entdeckte, konnte er nicht widerstehen. Er biss, da er die weiche Konsistenz des Belags falsch taxiert hatte, herzhaft hinein und merkte sofort, dass sich dicke Mayonnaise rund um seinen Mund, auch in seinem Bart, ansammelte, und obwohl er sich automatisch vorgebeugt hatte, waren einzelne Spritzer auch auf seinen Anzug und seine Krawatte gefallen. Er hatte – glücklicherweise, dachte er noch – eine Serviette vom Tisch mitgenommen; aber die hatte er in der linken Hand, mit der er auch das volle Weinglas hielt. Trotzdem versuchte er die Flecken schnell zu entfernen; aber indem er mit der Serviette rieb, geriet das Getränk in Bewegung und traf wiederum sein Jackett, sodass sich Schlieren aus Fett und Wein bildeten. Auf der Toilette stellte er fest, dass der Schaden in Handarbeit auch nicht annähernd zu beheben war, und er musste einen hastigen Umkleidetermin zuhause einlegen, da er am gleichen Abend noch eine andere Verpflichtung hatte.

Einige Tage später brachte er bei einer Beratung mit dem Geschäftsführer, scheinbar beiläufig, den Stehempfang zur Sprache. Er murmelte zwar etwas von unzumutbaren Balanceakten, aber seine Argumentation konzentrierte sich auf die Art und Weise der Kommunikation: In der jetzigen Form gebe es zwar wechselnde Kontakte, die aber eigentlich nur belanglosen *Small Talk* erlaubten; dabei hätten doch viele der Teilnehmer das Bedürfnis, die eine oder andere Diskussion aus der Sitzung fortzuführen oder auch andere Dinge ernsthaft zu erörtern – und dafür sei nun einmal eine gewisse *stabilitas loci*, ein fester Platz und zwar ein Sitzplatz erforderlich. Dass man bei einer Sitzordnung, so locker sie auch gehandhabt werde, nicht nur Häppchen auf den Tisch stellen könne, war gewissermaßen das Nebenergebnis einer stilistischen Überlegung. Der Geschäftsführer widersprach nicht; auch er betonte, es gehe um die Vertiefung der Diskussion, um ein wirkliches Gespräch.

Das kam tatsächlich bei den seither installierten Nachsitzungen zustande – auch im Anschluss an die Charly-Sitzung. An einigen Tischen wurde die Tierdebatte aufgegriffen, wobei außer den Affen auch andere gesellschaftlich relevante Tiere zur Diskussion standen. Die Frontlinien verliefen quer durch die Parteien. Während ein Teil der Räte am liebsten allen Kriminalkommissaren einen Hund an die Seite gestellt hätte, fanden es andere degoutant, dass ausgerechnet kläffende Dackel manchmal die wichtigste Detektivarbeit leisteten. Mit den Katzen verhielt es sich ähnlich. Die Tierfreundin 2, die drei Katzen zuhause hatte, bedauerte, wie sie sich ausdrückte, den *lebensfremden Zuschnitt der meisten Sendungen*, der es gar nicht erlaube, *das richtige Tierbild zu vermitteln*; und überhaupt führten viele Sendungen in das sterile Milieu von Familien, in denen kein einziges Tier vorhanden sei. Ihr Tischnachbar fragte, ob sie es denn nicht bedenklich finde, dass auf dem Bildschirm ständig frustrierte Frauen ihren Liebeskummer demonstrieren müssten, indem sie eine Katze an sich schmiegten. Aber er provozierte damit nur die Entgegnung, das sei jedenfalls vernünftiger, als wenn die Männer ihren Frust in der nächsten Kneipe ertränkten. Die Tierfreundin 1 saß an einem anderen Tisch und hisste dort noch einmal die vegetarische Flagge, indem sie abstoßende Bilder von Viehzucht und

Fleischverwertung entwarf – auch dann noch, als bereits der schön garnierte Schweinerücken aufgetragen war. Sie tat das nicht aus Bosheit, sondern aus hemmungsloser Überzeugung; aber an der ungünstigen Wirkung änderte das nichts.

Der Intendant – der *neue* Intendant – saß zusammen mit einigen seiner Parteifreunde, die zum Teil auch Bundesbrüder waren. Bei ihnen war Charly zunächst kein Thema, da es gravierendere Dinge zu erörtern galt: Die Stelle des zum Intendanten aufgestiegenen Abteilungsleiters war noch nicht besetzt, und es mussten mühsame Pirouetten gedreht werden, wenn man den an sich vorgesehenen Parteiproporz aushebeln wollte. Erst nach dem Essen kam auch hier eine Unterhaltung über Tiere auf. Der Intendant äußerte seine Verwunderung darüber, dass die ständigen Safaribilder kaum einmal kritisiert würden, obwohl man sie doch meist nur als exotischen Zoo präsentiere und obwohl sie von den Problemen der Bevölkerung in den betreffenden Regionen eher ablenkten. Das hätte vielleicht zu einer neuen Debatte führen können; aber auch hier am Tisch wirkte die Kontroverse über Charly nach. Das für den Kunstbereich zuständige Mitglied – er war Musiker, sollte aber auch die Literatur und die Bildende Kunst vertreten – hatte zu einer längeren gelehrten Abhandlung angesetzt, die er sich schon während der Sitzung zurechtgelegt, dort aber nicht angebracht hatte. Er wusste, dass man ihm gerne Defizite ankreidete in den Gebieten, die nicht zu seiner Profession gehörten, und deshalb eignete er sich immer wieder eifrig Neuigkeiten aus diesen Feldern an. *Damien Hirst*, sagte er, und er registrierte zufrieden, dass dies ganz offensichtlich für die Kollegen ein fremder Name war, Damien Hirst habe ja die britische Kunstwelt provoziert, indem er tote Tiere in Formaldehyd eingelegt und hinter Glas präsentiert habe; dabei habe er sich aber auf Schafe und Hasen konzentriert, während man von Affen in diesem Zusammenhang nie gehört habe. Es war nicht recht klar, was damit gesagt werden sollte, wohl auch demjenigen nicht, der es sagte, und umso ausgedehnter war sein Bericht und seine Erörterung. Die anderen Herren am Tisch – es waren nur Herren – gaben Zeichen der Zustimmung, um ein Ende seiner Rede herbeizuführen, zumal sich die übrigen Tische schon geleert, die meisten Gäste sich schon verabschiedet hatten.

Die zieht es zu Charly, sagte einer am Tisch. Der Intendant, schon im Aufbruch begriffen, setzte sich noch einmal: Niemand sollte denken, er eile zu dieser Problemsendung. Aber in dem verbliebenen kleinen Kreis steigerte sich eine wenig kontrollierte Fröhlichkeit; einer der alten Herrn hob sein Glas *auf Charly*, und ein

anderer suchte ihn zu überbieten mit dem Trink-
spruch *Auf unser Affentheater!* – da sah der Intendant
endgültig den Zeitpunkt fürs Weggehen gekommen.

Als er eine knappe Viertelstunde später zuhause das
Wohnzimmer betrat, hüpfte der Schimpanse Charly
gerade einer vornehm aufgeputzten Dame auf die Schulter und nahm ihr den Hut ab; aber niemand schaute
hin – die Kinder hatten sich ganz auf ein Wortgefecht
konzentriert, in dem sich, so schien es ihm wenigstens,
ganze Passagen der Rundfunkratskontroverse wiederholten. Die Tochter, vorsichtig unterstützt von der Mutter, weil sie die Jüngere war, plädierte für Charly; und
sie beschränkte sich keineswegs auf die Feststellung,
dass ihr die Sendung gefalle, sondern streute Urteile
wie *pädagogisch wertvoll* ein, die sich aus dem Mund
der Zehnjährigen etwas seltsam ausnahmen. Der Sohn
wiederum – er war schon zwölf – ließ sich auf das se-
riöse Argumentieren ein, wusste Bedenkliches aus dem
tatsächlichen Leben der Schimpansen zu berichten und
sprach (der Intendant traute seinen Ohren nicht) von
einem *völlig falschen Tierbild.* Es war dem Jungen sehr
ernst damit, und wahrscheinlich dachte er in diesem
Moment überhaupt nicht mehr daran, warum ihm die
Programmwahl so gegen den Strich ging: Er hätte
nämlich gerne die Sportschau gesehen, die im anderen
Kanal lief.

Sein Vater wusste das; er wusste es auch deshalb, weil er selbst gehofft hatte, noch etwas von den Ligaspielen mitzubekommen. Auch deshalb war er erleichtert, als die Charly-Sendung zu Ende ging. Aber ehe er die Programmhoheit übernahm und zum Fußball schaltete, sprach er noch ein freundliches Machtwort: Er sei nun doch bereit, ein zweites Fernsehgerät zu kaufen, weil die Interessen nicht immer unter einen Hut zu bringen seien – und dann höre hoffentlich das Affentheater auf. Er stutzte, kratzte sich am Hinterkopf und musste lachen: Er hatte tatsächlich *Affentheater* gesagt.

Frau Pilawa kauft ein

Das Wartezimmer war ziemlich voll. Eine Tageszeitung gab es nicht, und die wenigen Zeitschriften hatten alle ihre Interessenten gefunden. Die Frau neben mir blätterte gerade in den letzten Seiten, dann legte sie die Zeitschrift auf den Tisch. Ich wartete einen Moment, um – wahrscheinlich vor allem mir selbst – zu demonstrieren, dass ich die Zeit auch ohne Ablenkung überbrücken könnte, griff aber dann zu, ehe mir jemand anders zuvor kam.

Die Zeitschrift hatte den neutralen ockerbraunen Umschlag des Lesedienstes; wie bunt die Aufmachung war, wurde erst beim Blättern deutlich. Ich überlegte kurz, ob ich das Journal nicht wieder zurücklegen sollte – die halbseidene Gala, die sich schon auf den ersten Seiten ankündigte, war nicht meine Sache. Aber ein bisschen Neugier blieb. Ich überschlug einige Seiten, als plötzlich eine Hand mit ausgestrecktem Zeigefinger auf dem Blatt lag – meine Nachbarin hatte meine Suchbewegungen verfolgt und bremste sie ab: *Das müs-*

sen Sie lesen! sagte sie. Es klang nicht wie ein Befehl, eher wie ein wohlwollender Ratschlag an jemand, der nicht zurecht zu kommen schien. Jedenfalls war es ganz unmöglich für mich, den Hinweis zu ignorieren.

Zu lesen gab es nicht besonders viel. Die Seite war voll farbiger Fotos mit spärlichen Bildunterschriften. Der Titel der Bildserie war groß gedruckt: *Frau Pilawa kauft ein.* Ich kann nicht leugnen, dass dies doch eine gewisse Aufmerksamkeit bei mir weckte; Frau Pilawa füllte gewissermaßen eine der Leerstellen, wie sie neben den aufdringlich präsenten Bildschirmgrößen zwangsläufig entstehen. Außerdem rechnete ich mit irgendeiner besonderen Pointe – vielleicht war ihr ja der Geldbeutel mit allen Kreditkarten abhanden gekommen und die Verkäuferin an der Kasse stellte ihr einen größeren Geldbeitrag zur Verfügung, oder sie half ihrerseits einem gebrechlichen alten Mann aus, der mit der Bezahlung überfordert war, oder, am wahrscheinlichsten, sie war mit der versteckten Kamera übertölpelt worden.

Aber es fing ganz harmlos an. Frau Pilawa stand, die rechte Hand am Griff eines Buggys mit einem kleinen Mädchen und die linke auf der Schulter ihres Sohns, vor dem Schaufenster einer Bäckerei. *Die Pilawas*, hieß es unter dem Foto, *ziehen einfaches Schrotbrot allen Produkten aus Weißmehl vor*. Das nächste Bild war innerhalb eines Ladengeschäfts aufgenommen worden.

Es handelte sich – die Pilawas wohnen ja wohl in Hamburg oder jedenfalls im Norden – um eine Fischhandlung; hinter einer Glasscheibe sah man mit kleinen Eiskörnern überzogene Fischleiber und daneben appetitlich arrangierte Filetscheiben. Über dem Verkäufer schwebte eine Sprechblase: *Was darf es denn heute sein?* Frau Pilawa blieb von einer Blase verschont – sei es, weil dies dem seriösen Anstrich Abbruch getan hätte, oder sei es, weil ihre Antwort für die kleinen Bilder zu lang war. *Wir lieben abwechslungsreiche Kost,* stand unter dem Bild, *und wir ziehen den gesunden Seefisch der kalorienreichen Fleischnahrung vor. Mein Mann hat schon als Kind auf seinem Teller kleine Kunstwerke mit Sardinen komponiert.*

Ich hätte vielleicht das eine oder andere Bild übersprungen; aber ich fühlte die Augen meiner Nachbarin, die nicht nur meinen Gang durch die Serie begleitete, sondern die eine Art Guide, Führerin durch die Bilder einer Ausstellung, war. Stumm am Anfang, aber bald entschloss sie sich zu erst kurzen und dann immer längeren Kommentaren. *Toll,* sagte sie, und dann: *Die wissen, was gesund ist.* Zu den nächsten Bildern passte das nicht unbedingt. Während noch der Appell zu niedrigen Cholesterinwerten nachklang, hatte Frau Pilawa einen Fleischerladen betreten. Eine Großaufnahme zeigte zunächst den Buggy mit der kleinen Tochter,

die weinte; dazu war vermerkt, dass dieser zusammen-
klappbare Kinderwagen mit Einkaufskorb und verstell-
baren Fußstützen zu einem unentbehrlichen Begleiter
geworden war. Im nächsten Foto hatte Frau Pilawa
ihre Jüngste auf dem Arm; der Metzger setzte das Mes-
ser an einer mächtigen Rinderkeule an, und seine Frau
reichte dem Jungen, der sich hier offensichtlich wohler
fühlte als bei den Fischen, eine große Scheibe Wurst.
Frau Pilawa hielt den Blick auf ihn gerichtet, und unter dem Bild war zu lesen, was dieser Blick bedeutete:
*Die Kinder sollen beizeiten lernen, dass man von ihnen
gute Manieren erwartet und dass sie sich für jedes auch
noch so kleine Geschenk bedanken müssen.*

Die wissen noch, wie man Kinder erzieht, sagte meine
Nachbarin, und nachdem ich umgeblättert hatte, blickte
sie mich erwartungsvoll ganz direkt an. Das neue Bild
bot tatsächlich eine kleine Überraschung: In dem Wagen saßen nun zwei Kinder, beide mit fröhlichem
Gesicht. Ich musste erst die Bildunterschrift entziffern;
als ich auch dann nicht gleich etwas sagte, übernahm
die Frau neben mir die Bewertung: *Toll, nicht?* sagte sie
zu mir. *Sie nimmt einfach das Kind aus dem Nebenhaus
mit zum Einkaufen*. Ich nickte. Und ich war ein wenig
überrascht, dass der Frau Pilawa alle drei Kinder – die
beiden eigenen und das mit betreute – gleich wieder
abhanden kamen. Im nächsten Bild stand sie in einem

geblümten Kleid in einem Modegeschäft vor dem Spiegel. Nichts deutete darauf hin, dass sie die Schönste im ganzen Land sein wollte; im Text stand etwas von einem *einfachen Kleid*, und meine Nachbarin stellte zustimmend fest: *Nichts Übertriebenes* – und weiter: *Das ist ein Mensch wie du und ich.* Sie artikulierte das nicht wie eine Formel, sondern betonte das *du* so stark, dass ich damit rechnete, sie werde die lebhafter werdende, wenn auch einseitige Unterhaltung jetzt per Du fortsetzen.

Das erwies sich als Irrtum; aber sie übernahm nun endgültig die Navigation, obwohl diese ja eigentlich durch die Abfolge der Bilder vorgezeichnet war. Ihre Hand lag wieder auf der aufgeschlagenen Seite der Zeitschrift; das einfache Kleid schien sie mehr zu faszinieren als der vorausgegangene Kauf von Lebensmitteln. Die Hand verdeckte das nächste Foto, aber ich konnte die Bildunterschrift lesen: *Bei ihren Küchengeräten legt Frau Pilawa Wert auf solide Ausführung und haltbares Material.* Solange das Bild blockiert war, sah ich sie eine multifunktionale Küchenmaschine überprüfen; aber als die Hand die Fortsetzung frei gab, nahm Frau Pilawa von einer Verkäuferin einen Rührbesen entgegen. Der Buggy war noch nicht wieder eingetroffen, und in der Folge zeigte sich, dass das Nachbarskind überhaupt nur einen einmaligen Gastauftritt hatte; aber der Junge stand wieder dabei und musterte aufmerksam das neue Küchengerät.

Nun spielte meine Nachbarin vollends ihren Vorsprung aus. Sie hinderte mich am Umblättern, nicht brachial, sondern indem sie mich mit ihrem Blick verhaftete und mir in einer langen Suada von Frau Pilawas häuslichen Tugenden berichtete: Sie koche am liebsten selbst, bevorzuge Gemüse und Salat als Beilage, sorge dafür, dass immer frisches Obst auf dem Tisch sei, die Kost sei abwechslungsreich und einfach – überhaupt war das Wort *einfach* das Leitmotiv der Stellungnahme und gewissermaßen die kurz gefasste Moral der ganzen Geschichte. Am Muttertag allerdings führe Jörg Pilawa – nur bei ihm nannte sie auch den Vornamen – seine Frau und seine Kinder aus zum Mittagessen. Das Stichwort *Muttertag* irritierte mich einigermaßen, denn es waren nur noch wenige Wochen bis Weihnachten. Aber auf dem Bild, das schließlich doch freigegeben war, sah man eine Vase mit Maiglöckchen. *Schön, aber giftig*, sagte mein weiblicher Cicerone, und es hätte mich nicht gewundert, wenn er oder vielmehr sie im Stil mancher Kirchenpredigten hinzugefügt hätte: *wie so Vieles im Leben*. Aber offensichtlich war ihr eine Überprüfung der auf dem Tisch stehenden Speisen und Getränke wichtiger; die Analyse war freilich dadurch beeinträchtigt, dass die Teller noch leer waren und die Schüsselränder den Inhalt verdeckten, sodass der nachdrückliche Hinweis auf das wiederum einfache Mineralwasser die substanziellste Information blieb. Auch die Bildunterschrift half hier nicht weiter; der Akzent lag auf der Einmaligkeit, und die Begründung war der Muttertag.

Für einen Moment wagte ich aus der gemeinsamen Lektüre auszuscheren; ich suchte das Titelblatt und las dort die Monatsangabe *Mai*, was den Blumenschmuck und den Muttertag ausreichend erklärte. Nicht ganz klar war mir, wie diese Zeitschrift in die Adventszeit gewandert war – entweder der Arzt war auf ein besonders billiges Abonnement des Lesedienstes mit schon etwas angegrauten Nummern eingestiegen, oder das Heft war damals nicht an den nächsten Abonnenten weitergeleitet worden. Es war aber keine besonders wichtige Frage, zumal die entscheidende Botschaft der Bilder ja verständlich war – *und dies nicht nur zur Sommerzeit.*

Der Muttertag ging schnell vorüber, und das nächste Bild konnte den Eindruck erwecken, dass die üblichen Geschenke ausgeblieben waren: Frau Pilawa stand, jetzt wieder allein, in einer Parfümerie und sprühte aus einer großen Flasche irgendein Duftwasser auf ihren Handrücken. Meine Nachbarin las die Bildunterschrift laut: *Extravaganzen sind nicht gefragt* – das fremde Wort war ihr ein bisschen unheimlich, sodass sie zur Erklärung in eigenen Worten überging: Frau Pilawa kaufe nur selten Parfüm, und sie wähle dann immer eine nicht so auffallende Duftnote. Ich nickte und hörte mich sagen: *Ganz einfach* – und es klang überhaupt nicht ironisch.

Die Reihenfolge der Bilder ließ für mich keine Logik erkennen. Wahrscheinlich waren für das Layout Komposition und Farbklang der Bilder maßgebend gewesen. Jedenfalls zeigte das nächste Foto Frau Pilawa bei einer Tätigkeit, die den Gebrauch von Parfüm vielleicht nicht gerade verbot, aber jedenfalls nicht nahelegte. Sie war in ihrem Garten und setzte, mit einer kleinen Schaufel bewaffnet, eine Pflanze ein. Auf der Rasenfläche daneben planschte das kleine Mädchen in einem aufblasbaren kleinen Plastikbecken, von dem die Bildunterschrift keinerlei Notiz nahm, wohl aber meine Moderatorin. *Die haben kein Schwimmbecken im Haus wie* – und es folgten Namen, von denen sie unterstellte, dass ich eine klare Vorstellung damit verbinde; ich kannte keinen, nickte aber beflissen, um ausführliche biographische Anmerkungen abzuschneiden. Eine Sauna allerdings haben die Pilawas im Haus; Frau Pilawa öffnete im nächsten Bild gerade die Tür, aus der ihr Dampf entgegenschlug, durch die man aber eine zweistöckige Holzpritsche erkennen konnte. Frau Pilawa, in Rückenansicht aufgenommen, war nackt von den

Kniekehlen abwärts, sonst aber züchtig in einen wei-
ßen Bademantel gehüllt. Die Bildunterschrift sagte in
etwas anderen Worten das Gleiche, das ich in der
Kommentierung zu hören bekam: dass in Finnland
jedes Mietshaus mit einer Sauna ausgestattet sei, dass
sich die gesunde Praxis des Saunierens auch bei uns
immer mehr verbreite, und dass eine Sauna jedenfalls
kein Luxus sei. Ganz leichte Zweifel schien aber meine
Gesprächspartnerin – na ja, ich sagte nicht viel, aber
eine Art Gespräch war es schon – leichte Zweifel schien
sie doch zu haben, denn sie verwies plötzlich auf den
Reichtum, der sich bei den Pilawas angesammelt haben
muss, aber nur, um deutlich zu machen, dass angesichts der damit gegebenen Möglichkeiten eine Sauna
wirklich eine einfache Lösung ist.

Eine ähnliche Argumentation legte auch das nächste Bild nahe. Frau Pilawa saß am Steuer eines Cam-
pingbusses, und an den Fenstern sah man die beiden
Kinder, die fröhlich winkten. Notiert war dazu, dass die
Pilawas freie Wochenenden gerne in der gesunden See-
luft an der Nordseeküste oder auch auf einer der Inseln
verbringen, und dass Frau Pilawa oft auch allein mit
den Kindern losfährt, weil ihr Mann verhindert ist.
Obwohl er ja sonntags nicht auftritt, sagte meine Nachbarin, und dann fasste sie ihre positive Bewertung zusammen in der Feststellung: *Keine Fernreisen mit dem*

Flugzeug – Thailand und Madagaskar und so, wobei sie die exotischen Namen leicht verächtlich artikulierte. Da sie mich fragend ansah, sagte ich, die Kurzreisen seien sicher gesünder, vor allem auch für kleine Kinder; gleichzeitig blätterte ich um in der Erwartung, bald das Ende der Einkaufstour zu erreichen.

Einkaufstour? Jetzt erst fiel mir auf, dass die Einkaufsphase offensichtlich abgeschlossen war; aber natürlich ging es immer um das Ergebnis von Einkäufen, um den Sachbestand, über den die Pilawas verfügten. Beim nächsten Bild war das ganz offensichtlich. Es zeigte ein Fernsehgerät mit einem riesigen Flachbildschirm, dessen Ausmaße samt der Markenbezeichnung im Text angeführt waren. Frau Pilawa saß mit dem Sohn davor, und in der Bildunterschrift wurde betont, dass sie, wann immer es möglich sei, die Sendungen gemeinsam mit ihm verfolge. Zu diesem pädagogischen Vorbild sagte meine Nachbarin nichts; sie bemerkte nur: *Die brauchen natürlich einen Fernseher* – so als ob der Besitz eines Fernsehapparats noch ein besonderes Privileg darstelle; aber wahrscheinlich hatte der Hinweis auf die moderne Form und Ausstattung des Apparats diese Anmerkung veranlasst.

Dass das Fernsehen nicht ein und alles in der Familie Pilawa ist, wurde im nächsten Bild (war es vielleicht das letzte?) unterstrichen. Frau Pilawa saß am

Bett ihres kleinen Mädchens und hatte ein großes Märchenbuch aufgeschlagen. Man konnte den Titel lesen: *Die schönsten deutschen Märchen*, und deutlich sah man das farbige Titelbild, auf dem ein monströser Riese sich gerade anschickte, ein winziges Menschenwesen in seinen offenen Rachen zu stecken. Der Texter lieferte dazu die etwas paradoxe Feststellung, dass die Pilawas ihre Kinder bewusst von den Gewaltdarstellungen im Fernsehen abschirmen und sie statt dessen mit altem Märchengut erfreuen. Meine Nachbarin war im Begriff, zu einer längeren Erklärung anzusetzen – wahrscheinlich hatte auch sie ein Lob des Märchens parat – da wurde sie in die Praxis gerufen. Sie sagte nur noch schnell: *Toll, nicht?* Und ich sagte: *Ja, Wahnsinn!*

Es war tatsächlich das letzte Bild der Serie. Aber ich gebe zu, ich hätte sonst wahrscheinlich weiter gelesen.

P.S.: Ich weiß nicht, ob Frau Pilawa Auto fährt. Ich weiß auch nicht, ob sie Kinder hat. Ich weiß nicht einmal, ob Jörg Pilawa verheiratet ist. Vielleicht gibt es ja gar keine Frau Pilawa. Das wäre allerdings schade, denn mit ihren klugen Erziehungsmethoden und ihrer einfachen Lebensweise ist sie ein echtes Vorbild.

Wettfieber

Es fing damit an, dass Thomas Gottschalk zu Sabine sagte, es sei kein Problem, eine Person oder auch zwei zu seiner Show einzuladen, aber eine ganze Schulklasse – das ginge nur, wenn die Klasse eine Wette präsentieren könnte, die sich für die Sendung eigne. Oder nein, eigentlich fing es früher an. Damit, dass das Mädchen Gottschalk nach der Möglichkeit einer Einladung fragte, und Sabine konnte das nur, weil sie zu der kleinen Gruppe gehörte, die eine Zeitlang jeden Tag zusammen mit Gottschalk in die Wohnzimmer kam, in dem Werbespot, in dem Thomas bedrängt und um Gummibärchen angebettelt wird. Und sie gehörte zu der Gruppe, weil sie den Herrn Gottschalk, zu dem sie in dem Werbespot Thomas sagen durfte, getroffen hatte, als sie ihre Tante besuchte; diese Tante hielt für Gottschalk, der ja meist in Amerika lebte, sein Haus in Deutschland (eigentlich war es ein Schloss) in Ordnung. Und sie war zu diesem angenehmen Job gekommen, weil sie mit einer Frau befreundet war, die beim Sender in der Maske arbeitete und dort regelmäßig Gottschalk für seine Auftritte präparierte.

Jedenfalls gab es eine Chance für die Klasse. Das versetzte die Schüler und Schülerinnen in ekstatische Erwartung, und es ließ auch den Klassenlehrer nicht kalt. Er erklärte zwar, der Lehrplan lasse für so etwas – *Larifari* sagte er, um sich nicht zu offenkundig mit der Aufgabe zu identifizieren – keine Zeit, aber man könne sich ja nachmittags treffen zum *brain storming* und später auch zum Üben, wenn erst einmal klar sei, wohin die Reise geht. *Nach Leipzig*, rief einer der Schüler, *die Reise geht nach Leipzig*, weil von dort die nächste Sendung ausgestrahlt werden sollte, und ein Teil der Klasse wiederholte im Sprechchor: *Nach Leipzig...* Als der Lehrer wieder zu Wort kam, sagte er, das wisse er auch; aber noch sei man nicht dort, und erst müsse ihnen etwas Gescheites einfallen. Oder auch etwas Verrücktes. Etwas Gescheit-Verrücktes am besten.

Danach suchten sie in den folgenden Tagen und Wochen. Und nicht nur die Schülerinnen und Schüler, sondern der ganze Ort. Das war nicht genau im Sinn der Abmachung, und schon gar nicht im Sinn der Schulklasse; aber man kann sich kaum vorstellen, wie schnell sich die Geschichte über Eltern, Freunde, Bekannte verbreitete – schließlich war da ein lokales Thema, das praktisch alle beschäftigte. Und man kann sich auch nur schwer vorstellen, welch eigenartige Talente unter den Leuten anzutreffen sind, verborgene Talente meist, die aber nun durch den besonderen Anreiz zum Vorschein kamen. Eine ältere Dame rief ihre Freundinnen zusammen und spielte ihnen, indem sie den Finger über den Rand eines großen Glases bewegte, die Melodie von *Der Mai ist gekommen* vor. Die Begeisterung hielt sich in Grenzen, nicht nur, weil es das einzige Lied war, das sie beherrschte, sondern auch, weil die Wettsendung in der Vorweihnachtszeit vorgesehen war. Die Dame versicherte zwar, dass sie nach einer gewissen Einübungsphase sicher auch *O Tannenbaum* vorspielen könne; aber es wäre riskant gewesen, das jetzt schon offiziell in Aussicht zu stellen. Und vor allem gab es reichlich Konkurrenz. Zwei junge Leute begannen damit, am Kirchturm des Städtchens hinauf zu klettern, gesichert am Seil, doch mit dem Ziel, die Strecke ganz frei zu bewältigen; aber ihnen wurde vorgehalten, dass sich Gottschalk auf ein solches Risiko keinesfalls einlassen würde – und dass sich die Klettertechnik ja auch nicht ohne weiteres auf die Nikolaikirche übertragen lasse. Der Finanzbürgermeister der Stadt, ein sichtbar unsportlicher Typ, hatte sich in seiner Kindheit und Jugend immer darüber geärgert, dass er bei allen Wettkämpfen zu den Letzten gehörte, und er hatte deshalb eine höchst eigenwillige

Disziplin ausgesucht, in der er es zu einer gewissen Perfektion brachte: Er streckte die ineinander gefalteten Hände auf den Boden und sprang mit beiden Füßen darüber. Das hatte ihm zwar in der Phase verbissenen Trainings blaue Flecken und sogar Beulen eingetragen, aber er hatte nicht locker gelassen und war inzwischen, zur Verblüffung irgendwelcher Gäste, jederzeit in der Lage, den kuriosen Sprung vorzuführen.

Er hatte allerdings, was auch mit seinem Beruf zu tun hatte, keine Lobby, und von vornherein waren Vorschläge aussichtsreicher, die in einem Freundeskreis entwickelt oder doch erprobt wurden. Zum Beispiel gab es einen Mann mittleren Alters, Hausmeister in irgendeinem Amtsgebäude, der zunächst eine Metzgerlehre begonnen hatte, die er abbrechen musste, weil er kein Blut sehen konnte, der aber trotzdem in der Lage war, Dutzende von Wurstsorten, darunter die verschiedensten Spielarten von Schinken, mit verbundenen Augen nach dem Geruch zu definieren. Wahrscheinlich war das gar nicht besonders schwierig, aber von Zeit zu Zeit arrangierten seine Stammtischbrüder eine entsprechende Vorführung, die dann mit einer üppigen kalten Mahlzeit endete, bei der die Würste ihrem eigentlichen Zweck zugeführt wurden. Für Gottschalk wurden dem Wurstriecher allerdings auch keine großen Chancen eingeräumt, schon deshalb, weil vor nicht allzu langer Zeit ein gewitzter Sommelier unter hundert verschiedenen Weinsorten die richtigen bestimmt hatte, ohne davon zu trinken, nur mit Hilfe der Nase. Und außerdem standen die Freunde, und eigentlich auch der Mann selbst, inzwischen im Bann eines aufwendigen technischen Versuchs, an dem ein paar jüngere Automechaniker arbeiteten.

Balance-Kunststücke standen bei Gottschalk hoch im Kurs, Demonstrationen artistischer Körperbeherrschung, mehr aber noch technische Arrangements, bei denen irgendeiner Maschine eine Leistung abgerungen wurde, mit der niemand gerechnet hatte – ein Campingbus beispielsweise, der in Schieflage auf zwei Rädern fuhr und dabei mit einem seitlich angebrachten Filzstift *Wetten dass…?* auf einen Karton schrieb; ein Staubsauger, der, im Slalom geführt, innerhalb einer Minute aus einem mit Papierschnitzeln übersäten Feld eine geordnete Blumenwiese machte; ein Lastwagen, zweieinhalb Tonnen, der mit seinen Rädern auf vier Gläser bugsiert wurde und auf diesen stehen blieb. Das waren Höhepunkte, an die sich die jungen Leute erinnerten. Und von denen sie beeinflusst wurden, denn sie setzten sich das Ziel, ein Auto auf vier schmale Legotürme zu stellen.

In ihrer Umgebung wurden Zweifel laut, ein Legostein, selbst ein quadratischer mit vier Noppen, habe eine viel zu kleine Fläche, um darauf die Räder mit dem jeweiligen Schwerpunkt zu justieren. Aber die Wettkandidaten setzten, in liebevoll komponierten Farben, ihre vier Türme zusammen, die immerhin einen halben Meter hoch waren. Eigentlich, meinte einer, sollte man sich von den steinreichen Legofabrikanten eine Gebühr bezahlen lassen für die Demonstration der Standfestigkeit; aber seine Kollegen schoben den Gedanken beiseite: Es wäre schon deshalb kompliziert, weil es sich um eine dänische Firma handle, zweitens gebe es bei solchen großen Unternehmen gewiefte Juristen, sodass dann womöglich sogar eine Lizenzgebühr fällig würde, und drittens müssten sie ja erst einmal ganz sicher sein, dass die Wette zu gewinnen ist.

Sie konstruierten eine stabile Hebebühne, stellten exakt die Entfernungen zwischen den Rädern fest und markierten die Punkte für die Türme, suchten Reifen mit einem geeigneten Profil und wagten dann einen Versuch. Er sollte eigentlich so geheim bleiben wie die Erprobung neuer Modelle bei den Autoherstellern – *Erlkönig*, sagten sie, als Fachleute kannten sie die Bezeichnung für Neukonstruktionen, die von versierten Piloten *durch Nacht und Wind* gesteuert wurden. Aber der Plan hatte sich herumgesprochen, so dass bei dem Probedurchgang ein paar Dutzend Zuschauer in der Werkstatt waren. Die Protagonisten fanden sich damit ab und sahen sogar das Positive, weil man sich ja doch an Zuschauermassen gewöhnen müsse. Am Chassis wurde der Wagen ungefähr 80 Zentimeter hochgehoben; am Steuer brachte einer der Mechaniker, angewiesen von einem zweiten, der mehrfach um die Hebebühne herum ging, die Räder in die gleiche gerade Richtung. Gleichzeitig wurden die Türme – Türmchen eigentlich nur – aufgestellt. Die Mechanik der Hebebühne war auf stufenlose minimale Verschiebungen eingerichtet; langsam, zuletzt nicht einmal millimeterweise, senkte sich das Auto nach unten, die Räder berührten die Türme, die Weisung zu einem weiteren, ganz geringfügigen Absenken folgte, damit die richtige Verbindung zwischen den Plastiksteinen und dem Reifenbelag zustande kam, die Umstehenden pressten aufgeregt die Lippen zusammen, um den Versuch nicht durch vorzeitigen Jubel zu stören, die Hebebühne löste sich vom Fahrgestell und fuhr langsam nach unten – zu langsam, denn in Sekundenbruchteilen fielen die Türme um und stürzte der Wagen mit seinem Chassis auf die Schienen der Bühne.

Die Schäden waren nicht allzu groß, aber doch so, dass der Versuch abrupt zu seinem Ende kam: Zu einem weiteren Test konnten sich die jungen Männer nicht entschließen, obwohl sie theoretisch die Möglichkeit verteidigten und auch eindrucksvolle Erklärungen für das Scheitern präsentierten. Die Enttäuschung war groß, nicht nur bei ihnen, sondern auch bei denen, die das Projekt mit Sympathie und Siegeshoffnungen verfolgt hatten. Die Schülerinnen und Schüler von Sabines Klasse gehörten nicht dazu. Sie waren nicht gerade schadenfroh – aber sie waren jedenfalls froh, dass ihre Chancen sich verbessert hatten. Sie waren, nachdem sie festgestellt hatten, dass in ihren Reihen kein frappierender Zauber- oder Rechenkünstler war, und nachdem sie Vieles diskutiert und wieder verworfen hatten, bei einem Projekt gelandet, von dem auch ihr Klassenlehrer meinte, es könne vielleicht funktionieren. Es gehörte in die Rubrik, die neben Demonstrationen von physischer Kraft und Geschicklichkeit und neben überraschenden Ergebnissen irgendwelcher Wundermaschinen die häufigsten Wetten bereitstellte: Spitzenleistungen nach dem Memory-Prinzip, das ja schon kleine Kinder fasziniert, Gedächtnisabenteuer in irgendeinem besonderen Gebiet – wer sich eine größere Zahl von Gegenständen am schnellsten und am sichersten einprägt, hat gewonnen.

Bei dem anvisierten großen Wettkampf mussten es viele Gegenstände sein, und es war bestimmt nicht gleichgültig, welche Gegenstände gefragt waren. Von der Auswahl sollte an sich schon ein gewisser Reiz ausgehen – von Würsten konnte man das nicht ohne weiteres behaupten. Trotzdem blieb das in der Klasse favorisierte Projekt der Stammtischgaudi relativ nahe. Auch hier ging es um das Wiedererkennen, wobei allerdings der Geruchssinn gänzlich ausgeschaltet war, da die Objekte der Begierde nicht live zur Verfügung standen (nicht *in echt*, sagten die Schüler), sondern nur in Abbildungen. Es handelte sich um Füße, um nackte Füße.

Eine der Schülerinnen hatte, ausgeschnitten aus einem Lifestyle Magazin, Hochglanzbilder bekannter Models mitgebracht und machte den Vorschlag, diese Sammlung auf ein paar Dutzend aufzustocken und sich die Namen einzuprägen. Aus der hintersten Bankreihe, in der die einflussreichen Wortführer saßen, kam sofort ein ironisches *Ganz toll!*, ergänzt durch den Hinweis, dass da wahrscheinlich viele von den Zuschauern leicht mithalten könnten – worauf alle die Idee *doof* fanden. Aber dann lenkte einer oder eine (nachher beanspruchten etliche das Copyright) die Aufmerksamkeit auf die Fotografie von Pamela Anderson, die an einem Pool saß und ihre Beine als Blickfang arrangiert hatte. *Man könnte sich ja auf die Beine spezialisieren*, sagte ein Mädchen, und dann rutschten die Blicke noch weiter nach unten, und alle waren zufrieden mit dem Plan, mit berühmten Füßen in die Wette zu gehen – weniger salopp: mit den Füßen von Stars, zu denen nicht nur die Models gerechnet wurden. Zwischen den

Schülerinnen und Schülern hatte bereits die Diskussion darüber eingesetzt, ob einer oder eine allein gecoacht und ins Rennen geschickt werden solle, oder ob ein kleines Kollektiv auf der Bühne nicht größere Chancen habe – im Vorfeld waren jedenfalls alle beschäftigt: auf der Suche nach Füßen, und zwar nach den Füßen von Prominenten.

Man hatte sich darauf geeinigt, nur nach dem Bekanntheitsgrad der Personen zu entscheiden und keinen Bereich auszusparen; dementsprechend kamen Gerhard Schröder und Angela Merkel ebenso ins Rennen wie Steffi Graf und Franz Beckenbauer, Günter Grass und Martin Walser, Maria Furtwängler und Ottfried Fischer, Mario Gomez und Kim Kulig, aber auch Stars und Sternchen aus dem aktuellen Musikgeschäft. Es war nicht immer einfach, Fotos zu finden – die gesuchten Personen fanden sich zwar dutzendfach im Netz und noch häufiger in Illustrierten, aber die gesuchten Füße waren nur sehr selten zu sehen und auch nicht immer deutlich genug. Es gab Enttäuschungen: Jürgen Klinsmann zum Beispiel trabte in einem Video durch den Sand, aber durch tiefen, vermutlich kalifornischen Sand, in dem die Füße, wenn sie sich nicht schnell, zu schnell durch die Luft bewegten, bis über die Knöchel versanken. Doch der Klassenlehrer hatte mit Recht angemerkt, endlich einmal sei es ein Vorteil, dass die Klassen viel zu groß seien; wenn jedes drei geeignete Bilder beibringe, komme man fast auf hundert, und das sei sicher eine ausreichende Auswahl für die Wette. Die Mädchen und Jungen entwickelten raffinierte Suchstrategien; vor allem in der Regenbogenpresse fanden sie eine größere Zahl von Fotos, auf denen, wahrscheinlich von irgendwelchen Paparazzi geschossen, Mitglieder europäischer Königshäuser am Strand zu sehen waren; und manche Berühmtheiten aus der Film- und Fernsehbranche waren glücklicherweise nicht nur in Werbespots für alkoholische Getränke und für Fertiggerichte abgebildet, sondern auch in gestellten Szenen aus dem Wellnessbereich, in denen zumindest die Beine textilfrei blieben.

Nach erstaunlich kurzer Zeit waren über hundert brauchbare Bilder beieinander. Eine kleine Technikgruppe hatte die diversen Füße auf das einheitliche Format normaler Fußgrößen gebracht und die Bilder als lange Serie für eine Power-Point-Präsentation eingescannt, die es erlaubte, sie in jeder beliebigen Reihenfolge abzurufen. Der Lehrer, der die Rolle des Quizmasters am Regiepult übernahm, war inzwischen von dem Unternehmen so angetan, dass er die beiden ersten Vorführungen in die normalen Schulstunden übernahm. Die Füße – tatsächlich immer nur die Füße bis zum Knöchel – kamen im Großformat an die Wand; die

Schüler verständigten sich untereinander oder riefen auch einmal gleich den zugehörigen Namen. Sie hatten sich beachtliche podologische Kenntnisse angeeignet, operierten in ihren Diskussionen mit Kahnbein, Sprungbein und Fersenbein, taxierten die Höhe des Mittelfußknochens und die Stellung und Länge der Zehen, an denen die Nägel besonders verräterisch waren, bei manchen prominenten Frauen deshalb, weil die aufgetragenen Farben relativ leicht unterscheidbar waren, manchmal auch deshalb, weil irgendwelche Unregelmäßigkeiten ins Auge fielen. In zwei Fällen machte ein Überbein – *Ganglion!* rief ein Mädchen, das sich anhand eines medizinischen Lehrbuchs in die Materie eingearbeitet hatte – die Füße gut identifizierbar. Aber trotz allen optischen Brücken blieben Unsicherheiten; dank der Fassung in ein einheitliches Format waren die Füße der englischen Queen denen von Wladimir Klitschko zum Verwechseln ähnlich, was bei den wiederholten Memory-Übungen zwar zur Erheiterung beitrug, im Blick auf den Leipziger Ernstfall jedoch ein Risiko darstellte. Aber die Klasse hätte es als unsportlich empfunden, wenn man einen dieser beiden Fußbesitzer ausgeschieden hätte – und schließlich gab es ja kleine Unterschiede in der Stellung und Schattierung der Füße, die man sich einprägen konnte. Es war einfach noch ein längeres Training notwendig;

erst dann sollte die Erfolgsmeldung an Gottschalk gehen.

Das war ein Fehler, der letztlich Sabine und ihre Freunde den Auftritt kostete. Auch bei den Erwachsenen im Ort war die Diskussion um mögliche Wetten weitergegangen. In dem Frauenkreis, der das singende Glas verworfen hatte, war beispielsweise eine Wettmöglichkeit im Gespräch, die auf der gleichen Linie wie die Wurstwette lag, aber eine entschieden andere Duftnote hatte: Es ging um Rosen. Ein paar Tage lang trugen die Damen aus Gärten und Blumengeschäften verschiedene Rosen zusammen und versuchten vergeblich, sich die unterschiedlichen Düfte einzuprägen; aber nicht deshalb beendeten sie den Versuch, sondern weil die Älteste unter ihnen versicherte, sie habe genau diese Wette schon vor Jahrzehnten gesehen, bei *Frankenstein* oder Kulenkampff, und sie glaube sich zu erinnern, dass Adenauer die Wette gewonnen habe. Da ging zwar in der Erinnerung einiges durcheinander; aber mit Adenauer wollte niemand konkurrieren.

In der Zwischenzeit war in Gottschalks Büro ein kurioser Brief aus dem Ort angekommen, der auf eine Versuchsanordnung verwies, die garantiert noch nie auf die Bühne gekommen war, die sich allerdings – und darum drehte sich die Unterhaltung in Gottschalks Produktionsteam – auch kaum auf die Bühne bringen ließ. Sein Freund, schrieb der Absender des Briefs, sei beim Krematorium der Stadt angestellt, und er habe eine Fähigkeit entwickelt, über die er, aus verständlichen Gründen, nicht gerne rede, von der er, der Schreiber, sich aber überzeugt habe: Der Mann sei in der Lage, die Asche auch dann den Verstorbenen zuzuordnen, wenn die Urnengefäße nicht beschriftet oder geordnet seien, ja er könne anhand der Asche das Geschlecht und ungefähr das Alter feststellen. Die Diskussion schlug makabre Wege ein; viele zweifelten an der Möglichkeit, schließlich handle es sich doch – *Staub zu Staub* – um einen egalisierenden Prozess. Auch Gottschalk zweifelte, sprach ein Machtwort im Blick auf die Chance der Realisierung, die schon aus Gründen der Pietät nicht in Frage komme, war aber an der Sache selbst so interessiert, dass er Kontakt zu dem Mann aufnahm und beschloss, ihn aufzusuchen.

Die Stadt, aus der Sabine kam, war nicht sehr weit entfernt; Gottschalk nahm ein Taxi, ließ sich dorthin fahren und am Eingang des Friedhofs, in dem sich auch das Krematorium befinden sollte, absetzen. Er wunderte sich etwas über die kleine Eingangstür, sah auch kein Gebäude, keine Leichenhalle und kein Krematorium, allerdings versperrte dichtes Buschwerk die Sicht. Er betrat den Friedhof; aber auch nachdem er etwas freiere Sicht hatte, gab es keine Orientierungsmöglichkeit: Die Wege waren alle gleich schmal und verliefen schräg zwischen den Gräbern. Thomas Gottschalk stand einen Augenblick unschlüssig, dann wandte er sich nach halbrechts, kam aber schon nach einer ganz kurzen Strecke an eine weitere Verzweigung. Doch er hatte das Glück, dass dort eine alte, eine sehr alte Frau mit der Gießkanne vor einem Grab stand. Gottschalk grüßte; die Frau erkannte ihn offensichtlich nicht, was ihm selten begegnete. Er fragte nach dem Krematorium. Das sei direkt beim Eingang, sagte die Frau. Gottschalk wandte sich halb um und zeigte nach rückwärts – er komme ja gerade vom Eingang. Allerdings war ihm inzwischen selbst schon klar geworden, dass ihn der Fahrer zu einem Neben- oder Hintereingang gebracht hatte. Die Frau bestätigte das und begann ihm zu erklären, wie er am besten zum Haupteingang und damit zum Krematorium komme: Er müsse zunächst vorgehen bis zum Grab von Helga Essig, dann links abbiegen, an den Gräbern von Manfred und Luise Hurst und von der alten Frau Stutzmann vorbei bis zum Familiengrab von den Osterfelds, dann wieder rechts, dort, wo der Altbürgermeister begraben sei und gleich daneben der junge Kraft, der bei einem Motorradunfall umgekommen sei, und weiter bis zur Grabstelle der Müllers, Hermann und Emma Müller, ja nicht in die andere Richtung, wo Franziska Müller liege, und dann – Gottschalk versuchte sie erst mit Handzeichen zu stoppen und sagte schließlich, es sei wohl besser, wenn er dann noch einmal frage. Die Frau lächelte. Um diese Zeit werde er kaum jemand antreffen; aber es sei dann auch ziemlich einfach: weiter bis zur Kreuzung, dann wieder links, wo das Grab der Scholzes sei mit dem schönen alpinen Stein und danach die Wilhelmine Sauer, die nun auch schon zehn Jahre tot sei… Gottschalk nahm das schon gar nicht mehr richtig auf, er hatte auf Durchzug gestellt und blieb nur noch aus Höflichkeit stehen, und er horchte erst wieder auf, als die Frau sagte: *Und im Übrigen sehen Sie dann schon das Krematorium.*

Er dankte und machte sich auf den Weg, am Anfang brav auf der vorgezeichneten Route, aber dann versuchte er nur noch die Grundrichtung zu halten, und da der Friedhof so groß nun auch nicht war, kam er tatsächlich glücklich am Krematorium an. Der *Aschenpudel*, wie er bei den Gesprächen im Studio getauft worden war (und Gottschalk musste aufpassen, dass er die Bezeichnung nicht benützte), erwartete ihn. Er erklärte gleich und durchaus glaubhaft, dass er sich nur widerwillig zu der Kandidatur bereit gefunden habe; und dann begann eine längere Phase der Verständigung, in welcher der Mann einerseits zu einigen in offenen Gefäßen lagernden Aschenbeständen Diagnosen lieferte, die aber für Gottschalk nicht kontrollierbar waren, und andererseits trug er einige chemische Theoriefragmente vor, die darauf hinaus liefen, dass Asche nicht gleich Asche sei, dass vielmehr die Verbrennungsrückstände – Gottschalk, der die Argumente nur halb verstand, drängte auf einen Abbruch der Begegnung, weniger, weil ihm selbst etwas mulmig geworden war, vielmehr vor allem deshalb, weil ihm endgültig klar geworden war, dass das Experiment nicht zur Aufführung taugte: Weil es ziemlich unappetitlich war, aber auch schwer auf der Bühne zu arrangieren, und weil er die Chancen für einen Erfolg des Mannes gering einschätzte.

Er bedankte sich, sagte dem Mann, er bekomme noch Bescheid, und dann fragte er ihn, ob er wohl die Frau kenne, die ihm den Weg gewiesen habe. Er musste keine umständliche Beschreibung nachschieben; der Mann vom Krematorium und damit von der Friedhofsverwaltung wusste sofort, um wen es sich handelte. *Sicher*, sagte er, es sei eine Witwe, deren Mann schon in ganz jungen Jahren gestorben sei; sie habe dessen Grab immer besonders exakt hergerichtet (in dem Wort *exakt* konnte man ein Indiz für die Einstellung des Mannes sehen, die jedenfalls die religiöse Dimension aussparte), und im Lauf der Zeit habe sie die Betreuung weiterer Gräber übernommen – vor allem springe sie dort ein, wo keine Angehörigen am Ort oder in der näheren Umgebung seien. Ganz ohne Bezahlung übrigens; die Frau habe lange bei der Stadt gearbeitet, sie brauche wahrscheinlich keinen Zuschlag zu ihrer Rente, und da der Friedhof ihr Hobby sei, komme sie täglich, und wenn das Wetter auch nur einigermaßen erträglich sei, halte sie sich viele Stunden hier auf.

Gottschalk dankte noch einmal und eilte nach draußen – nicht zum Haupteingang, sondern in den Friedhof. Zufällig sah er die Frau von weitem; wieder stand sie mit einer Gießkanne an einem Grab. Er hätte sie sonst gesucht; so konnte er sofort ein Gespräch aufnehmen. Ein langes Gespräch. Ihn interessierte, wie viele der Gräber sie kenne; sie überlegte und sagte dann: *Eigentlich alle.* Aber wie sie das alles auswendig gelernt habe? Sie habe nichts auswendig gelernt – auswendig gelernt habe sie Schillers *Glocke* und den Osterspaziergang im *Faust*, aber die Grabstellen müsse sie nicht auswendig lernen, die kenne sie, wie man Häuser kennt, und wie man in einer Straße auf eine Baustelle aufmerksam werde, so sei es hier mit neuen Gräbern, die man dann auch jedes Mal kennen lerne. Gottschalk ging noch ein paar Schritte mit ihr, fragte scheinheilig, ob sie denn wirklich die Gräber in der nächsten Zeile alle kenne; das war der letzte Test, und als sie ihn bestanden hatte, beschrieb er seine

Wettsendung, die sie nur einmal vor langer Zeit gesehen hatte. Er musste seine ganze Überredungskunst aufbieten; aber nach einigem Zögern erklärte sie sich bereit, nach Leipzig zu kommen. Allerdings konnte sie sich nicht vorstellen, wie man ihre souveräne Orientierung – über die sie sich nie Gedanken gemacht hatte – an einem fremden Ort demonstrieren könne.

Gottschalk hatte dazu bereits sehr konkrete Vorstellungen. Schon wenige Tage später reiste ein Kamerateam an und nahm systematisch den ganzen Friedhof auf – sämtliche Grabstellen, es waren, wie man der Übersicht des Friedhofamts entnehmen konnte, an die zweitausend. Die Einzelbilder wurden so geschnitten, dass immer ein Grab groß in der Bildmitte zu sehen war, die Grabstellen rechts und links davon aber gleichfalls im Bild blieben. Neben dem Original wurde zu jedem Bild eine Dublette hergestellt, in welcher der mittlere Bereich so bearbeitet wurde, dass die Namen und alle sonstigen Identitätshinweise verschwanden. Diese Bilder wurden der Frau in einem Probedurchgang gezeigt; sie war zunächst irritiert, aber dann in allen Testfällen in der Lage, die Gräber zu definieren – sei es direkt vom Aussehen her, insbesondere wenn Grabsteine oder Kreuze eine besondere Form aufwiesen, oder von der Lage zwischen den benachbarten Gräbern, die ja die Namen der Verstorbenen preisgaben.

Dann kam Leipzig – der große Abend, von dem die Frau vorher nichts gehört hatte, während Andere von einem gloriosen Auftritt geträumt hatten. In Sabines Klasse fielen böse Worte gegen die Fernsehleute, selbst vom Lehrer, der inzwischen ebenso wie seine Schülerinnen und Schüler bei den unpassendsten Gelegenheiten nackte Füße sah – selbst bei einer Kunstausstellung konnte er nicht vermeiden, dass er bei den Skulpturen zunächst auf die Füße starrte und dass er einigen Besucherinnen in Gedanken Schuhe und Strümpfe auszog. Die Enttäuschung wurde zwar nicht restlos beseitigt, aber doch gemildert, als Sabine von Thomas Gottschalk ein erklärendes Schreiben erhielt und gleichzeitig von seinem Büro die Einladung nach Leipzig für die ganze Klasse.

Jetzt war Lokalpatriotismus angesagt: Immerhin hatte es eine Frau aus dem Ort geschafft. Ihre Fans, die sie vorher nicht gekannt hatten, mussten sich in Geduld üben, und sie selber auch: Ihr Auftritt war der letzte in der kleinen Reihe der Wetten. Aber das erwies sich als glücklicher Umstand; das kurze Gedächtnis der Zuschauer im Saal und draußen verschaffte bei der abschließenden Bewertung oft den Letzten einen Vorteil – vorausgesetzt, sie hatten ihre Aufgabe erfüllt und die Wette gewonnen. Bei der Friedhofsexpertin war das uneingeschränkt der Fall. Gottschalk hatte zehn verschiedene Bilder angetippt, zuerst die verfremdeten ohne die fraglichen Namen, die jedes Mal schon nach kurzem Nachdenken von der Frau genannt wurden; dann kam das vollständige Bild, das jedes Mal die Nennung bestätigte und mit Beifall registriert wurde. Die Frau verfiel nicht in Jubelposen; aber sie hatte sich offensichtlich mit der ungewohnten Situation arrangiert und freute sich, als sie zur Wettkönigin gewählt und ausgerufen wurde. Gottschalk gruppierte am Ende nicht nur die eingeladenen Prominenten und die Wettprobanden um sich, sondern holte auch die ganze Schulklasse auf die Bühne und stellte sich, den Arm auf der Schulter von Sabine, zwischen die Schülerinnen und Schüler, was diese endgültig versöhnte.

Die Geschichte hatte noch ein Nachspiel – richtiger vielleicht: Sie hatte *kein* Nachspiel. Die Rückfahrt von Leipzig war so organisiert, dass die Wettkönigin zusammen mit der Schulklasse reiste. Viele unterhielten sich mit ihr, und sie wurde nicht müde zu betonen, dass sie eigentlich ja gar nichts Besonderes zu bieten hatte, und dass wahrscheinlich früher die meisten Leute, die meisten älteren Leute wenigstens, in der Lage gewesen wären, in gleicher Weise festzustellen, wer wo begraben liege. Kurz vor dem Ende der Fahrt unter-

brach sie die Unterhaltung und fragte den Zugbeglei-
ter, ob ihr Ticket wohl auch zu einer Fahrtunterbre-
chung berechtige, und als er es bejahte, stieg sie an der
nächsten Station aus, um bei dieser Gelegenheit eine
Kusine zu besuchen, die sie schon jahrelang nicht mehr
gesehen hatte. Das war insofern eine Panne, als der
Bürgermeister ihrer Stadt den örtlichen Posaunenchor
zum Bahnhof gebeten und eine kleine Begrüßungs-
und Lobrede vorbereitet hatte. Die Posaunen setzten
ein, als der Zug in den Bahnhof fuhr; die Schülerinnen
und Schüler hatten keine Mühe, die Empfangsmusik
auf sich oder doch *auch* auf sich zu beziehen; der Lehrer sprach den Bürgermeister an, der wiederum die
Posaunisten informierte. Für sie war es ein durchaus
vergnüglicher Auftritt. Am Ende war der Bürgermeister der einzige, der enttäuscht wegging, nachdem er
noch einen Blick auf die für seine Rede präparierten
Stichworte geworfen hatte. Erst später rief er sich ins
Gedächtnis, dass die Leipziger Friedhofswette ein-
geleitet wurde mit einem schönen kleinen Film über
seinen Ort und die umgebende Landschaft – touristi-
sche Werbung, wie er sie nie hätte platzieren können.

Die heilige Dreizahl

Er war eine Ausnahme. Die meisten Fachkollegen –
und in etwas geringerem Ausmaß auch die Fachkolle-
ginnen – bestritten ihre Vorträge vor allem mit bunten
Bildern. Sie redeten viel von *visueller Kommunikation*,
und darunter verstanden sie in erster Linie das Anlegen
umfangreicher Bildarchive, zunächst in Diaschränken
und danach in großen Dateien. Diavorträge waren aus
der Mode gekommen, nachdem die Tirol- und Thai-
landtouristen damit nach ihrer Rückkehr die Freunde
behelligten; aber mit PowerPoint hatte sich eine neue
Vermittlungstechnik durchgesetzt, die oft nur das, was
die Redner sagten, auch noch schriftlich vorführte, oft
aber auch eine mehr oder weniger eindrucksvolle Illu-
stration dazu bot.

Der Volkskundeprofessor, der zum Dorfabend gekommen war, kümmerte sich um all das nicht. Im Kol-
legenkreis gab er zwar zu, dass ihn auch eine gewisse
Technikphobie auf Distanz hielt; aber wichtiger war
seine Überzeugung, dass die interessantesten Zusam-

menhänge im Allgemeinen nicht durch Bilder zu erklären sind. Und er konnte schließlich darauf vertrauen, dass wohl alle oder fast alle Zuhörer im Saal ja die Bilder im Kopf hatten, weil sie sich Jahr für Jahr an der Pferdeprozession beteiligten. Nur mit wenigen Andeutungen schilderte er den Umritt um die Leonhardskapelle und las einige archivalische Belege vor, die bis ins Mittelalter zurück reichten und die bezeugten, dass schon sehr früh Pferde dabei waren (*und wollten selbst die bawren ein ritt tuon*) und dass es dabei blieb, obwohl die Obrigkeit auch einmal in andere Richtung steuerte: *Es sollen fürohin die Reiter nit mehr ufwarten…*

Etwas ausführlicher ging der Professor auf die Leonhardslegende ein: Der Einsiedler hatte im 6. Jahrhundert im südlichen Frankreich ein Kloster gegründet, und er galt als Schutzpatron des Viehs, vor allem der Pferde; deshalb gab es am Leonhardstag, am 6. November, an einer ganzen Reihe von Orten Umritte und Pferdesegnungen. Das Besondere in diesem Dorf war, dass hier der nicht allzu große Zug der Reiter, angeführt vom Geistlichen des Orts, dreimal den Weg um die Fluren nahm und deshalb auch dreimal um die Kapelle ritt. Dies gab dem Vortragenden die Möglichkeit, die Symbolik der Dreizahl zu erörtern – und hier war er vollends in seinem Element.

Er setzte ein mit Hinweisen auf die Verankerung der Dreizahl in ganz alltäglichen Erfahrungen: im Aufbau der Familie aus Vater, Mutter, Kind, im Empfinden der Elemente, Land, Luft, Wasser (das Feuer gehörte ja nicht zur ursprünglichen Erfahrung), im Zeitkonzept aus Vergangenheit, Gegenwart, Zukunft, in der Struktur der Grammatik – er, sie, es. Dann kam er auf Aristoteles zu sprechen, der in poetischen Werken wie in der Wirklichkeit immer drei Schritte erkannte: Anfang, Mitte und Ende; schließlich auf Plato, der mit dem Gedanken spielte, die Welt aus Dreiecken auf- oder nachzubauen. Das Märchen bot sich als weiteres Beispiel an; er erzählte Episoden, in denen drei Brüder, drei Fische, drei Geschenke, drei Wünsche, drei Tage, drei Jahre, drei Erlösungsversuche eine Rolle spielten. Kurz streifte er die Dreiecksbeziehung, das erotische Dreieck; es war zu spüren, dass er das nur der Vollständigkeit halber tat – und wohl auch, um danach in wirksamem Kontrast die heiligen Dreiheiten zu präsentieren, welche die Bibel bereit hält, die aber auch in anderen Religionen auftauchen. Das besondere symbolische Gewicht der Dreizahl in der Religion habe dazu geführt, dass manche Riten dreimal wiederholt werden – so, wie es auch hier beim Umritt um die Leonhardskapelle der Fall sei. Der genaue Ursprung dieses Brauchs – er sei eigentlich geneigt, von einer frommen Sitte zu sprechen – der genaue Ursprung verliere sich im Dunkel der Geschichte.

Damit hatte er recht. Allerdings war diese Geschichte keineswegs so alt, wie er stillschweigend unterstellte. Ziemlich genau vor einem halben Jahrhundert amtierte in dem Dorf ein Pfarrer, der die Erosionserscheinungen im kirchlichen Leben mit allerlei Events aufzuhalten suchte. Dieses Wort *Event* war damals bei uns noch relativ unbekannt, und auch in der Sache konnten die Einfälle des Pfarrers als Pionierleistung gewertet werden. Im Pfarrhaus organisierte er exotische Kochkurse, wobei sich die Exotik damals überwiegend auf italienische Spaghetti und ungarische Paprika bezog; und in den Gemeindesaal lud er zu Tanzkursen ein, die regelmäßig mit einem Gebet begonnen, aber ebenso regelmäßig mit einem langwierigen Umtrunk in der benachbarten Gaststätte abgeschlossen wurden. In all diesen Dingen fühlte er sich als Wegbereiter einer neuen kirchlichen Kultur, und so war es nicht verwunderlich, dass er auch Wert darauf legte, dass seine Aktivitäten bekannt wurden.

Wenn im Rundfunk von *Land und Leuten* die Rede war, gab er mehr als einmal den eifrigen Interviewpartner, und als das Fernsehen aufkam, wurde er zum Ratgeber der Reporter, zum Souffleur der Kommentatoren und manchmal zu ihrem mit ins Bild gerückten Gesprächspartner. Als bekannt wurde, dass die Leonhardsprozession ins Fernsehen sollte, war das keine Überraschung im Dorf, und die Aufregung hielt sich in Grenzen, was vielleicht auch damit zusammen hing, dass nur in einem kleinen Teil der Häuser Fernsehgeräte standen; wichtige Ereignisse wie Fußball-Länderspiele verfolgte man gemeinsam in der Wirtsstube. Immerhin gelang es dem Pfarrer, eine Neuerung für das Leonhardsfest durchzusetzen: Die Pferde wurden alle mit grünen Zweigen und Girlanden geschmückt, was manchmal etwas aufgesetzt wirkte – schließlich waren es damals noch lauter schwere Ackergäule.

Am Morgen des 6. November lag milchiger Nebel über den Feldern. Das Kamerateam war schon sehr früh da und suchte nach günstigen Perspektiven, blickte aber besorgt in die diesige Landschaft, in der von der einsam stehenden Kapelle nur schwache Konturen zu erkennen waren. Als der Pfarrer erschien, bat ihn der Aufnahmeleiter, den Umritt zu verschieben; aber er berief sich auf die Tradition, und vor allem sah er Schwierigkeiten, die allmählich eintreffenden Reiter wegzuschicken oder untätig herumstehen zu lassen. Pünktlich um zehn setzte sich der Zug in Bewegung, erreichte nach einer halben Stunde die Kapelle, die langsam umritten wurde, und nach der Segnung der Pferde war eine weitere halbe Stunde vergangen. Genau zu diesem Zeitpunkt löste sich innerhalb weniger Minuten der Nebel auf, am blauen Himmel stand die Sonne.

Der Aufnahmeleiter wandte sich erneut an den Pfarrer: Die unter den schlechten Wetterbedingungen gemachten Aufnahmen könnten unmöglich gezeigt werden. Das war übertrieben, man hatte schon schlechtere Bilder vorgeführt. Aber es begründete die Bitte an den Pfarrer, einen zweiten Durchgang der Prozession zu organisieren. Er wehrte entschieden ab, sprach von der Verbindlichkeit der Tradition und der Erschöpfung der Pferde, die solche Ritte ja kaum gewohnt seien – dazwischen aber wies er mit lauter Stimme die Reiter an, noch nicht abzusteigen. Das machte den Fernsehleuten Hoffnung, und sie wurde nicht enttäuscht. Eigentlich war die Entscheidung schon gefallen, als der Pfarrer von der schlechten Bildqualität hörte; er wollte den dörflichen Festbrauch ins beste Licht gerückt auf dem Bildschirm sehen, und die Argumente, die er gegen eine Wiederholung der Prozession vorbrachte, waren Teil einer Hinhaltetaktik, mit der er sein Gewissen beruhigte, aber auch der schließlich doch erteilten Zustimmung mehr Gewicht gab.

Die Reiter verhielten sich überhaupt nicht widerspenstig. Es wäre undenkbar für sie gewesen, den Pfarrer im Regen stehen zu lassen; und außerdem gab es ja keinen Regen, sondern – fast von einem Moment auf den andern – freundlich wärmenden Sonnenschein. Es dauerte nur Minuten, bis die begleitende Blasmusik einsetzte; der Zug setzte sich ein zweites Mal in Bewegung. Die Kamera war wieder in Stellung gebracht, die Bedingungen waren optimal, gelassen stand die ganze Mannschaft dabei, und der Aufnahmeleiter strahlte. Aber nach der ersten halben Stunde, die Spitze des Zugs war gerade bei der Kapelle angekommen, sah man die Kameraleute heftig gestikulieren und hörte sie diskutieren. *Abbrechen*, rief der Aufnahmeleiter, *wir müssen sofort abbrechen*. Aber einer seiner Begleiter bremste ihn ab: Man könne unmöglich die Prozession unterbrechen, nachdem gerade der Ritt um die Kapelle begonnen habe. Der Aufnahmeleiter lenkte ein, und im Stillen sortierte er die Argumente für einen dritten Umgang, auf den er keinesfalls verzichten wollte, nachdem eine peinliche Panne bei der Aufnahme passiert war: Die Filmrolle war nicht ausgewechselt worden; sie war gerade, als es darauf ankam, zu Ende, und die nächste Rolle lag im Wagen, der ein ganzes Stück entfernt war.

Der Pfarrer nahm den Bericht über das ärgerliche Versehen zwar kopfschüttelnd zur Kenntnis, aber es brauchte nicht viel Überredung, um seine Bereitschaft zu einem dritten Umritt zu erhalten. Schwieriger war es, die Teilnehmer erneut zu motivieren, die ihre Tiere jetzt doch gerne zu den teilweise weit entfernten Höfen zurückgebracht hätten. Der Geistliche erwähnte das technische Versagen, suchte das Aufnahmeteam aber sofort wieder zu entlasten, indem er religiöse Argumente nachschob. Er sprach jetzt nicht mehr nur von einer Wiederholung, sondern ausdrücklich von dem dreimaligen Umritt, der seinen guten Sinn habe und der ja doch vorgebildet sei in religiösen Vorstellungen der Dreiheit: die Trinität, die Dreifaltigkeit Gottes zitierte er, und die Heiligen Drei Könige schob er nach, weil er merkte, dass er sich zu weit von der Welt seiner Gemeindeglieder zu entfernen drohte. Wieder setzte, auf ein Zeichen des Pfarrers, die Musik ein; die Pferde trabten los, und niemand scherte aus. Das war der erste dreifache Umritt – und dank der Worte des Pfarrers war es nicht nur die durch eine technische Panne erzwungene Erweiterung, sondern eine sinnvolle Ausweitung, ja gewissermaßen eine Korrektur, die Rückkehr zur richtigen rituellen Form.

Wenigstens hatten es die Mitglieder des Kirchengemeinderats, alles ältere Männer aus dem Dorf, so verstanden. Als im darauffolgenden Jahr der Leonhardsritt wieder anstand, war der Pfarrer auf eine lebhafte Diskussion, eigentlich sogar auf die diskussionslose Wiederherstellung der alten Form gefasst. Aber der Großbauer, der fast immer als erster das Wort ergriff, warf lediglich die Frage auf, ob man nach den drei Stunden des Umritts nicht gemeinsam zum Dorfplatz zurück reiten und dort im Gasthaus einkehren solle; der Wirt war sein Schwager, umso mehr betonte er, dass dies doch ein würdiger Abschluss des dreifachen Ritts wäre. Der Vorschlag zum gemeinsamen Gasthausbesuch wurde erst nach einem längeren Hin und Her angenommen; aber unabhängig davon war die dreifache Wiederholung des Umritts jedenfalls installiert – aus der einmaligen Panne war ein feststehender Brauch geworden.

Als nach etwas mehr als einem Jahrzehnt eine Gruppe von Studierenden ins Dorf kam, um Erhebungen zu machen, erhielten sie vom Bürgermeister, einem jungen Mann, der erst vor wenigen Monaten gewählt worden war, die Auskunft, die bekannteste und älteste volkstümliche Tradition im Ort sei der Leonhardsritt, der sich über Stunden hinziehe, weil die Reiter dreimal den Weg um die Flur und um die Kapelle nähmen. Die Studentinnen und Studenten waren geschult in der Feldforschung; sie wussten, dass Amtspersonen nicht die verlässlichsten Gewährsleute waren, weil sie oft das Bild ihrer Gemeinde retuschierten – im Dienst des Fremdenverkehrs oder auch nur des allgemeinen Prestiges. Als zuverlässiger galten die Auskünfte einfacher Dorfbewohner; aber auch sie stellten allesamt den Leonhardstag als Besonderheit heraus. Eine Frau, die mindestens auf die 80 zu ging, sprach von einem *uralten Brauch*. Zum Beweis führte sie an, das sei schon in ihrer Kindheit so gewesen, und sie sagte das so, als sei damit der Bogen in die Prähistorie gespannt. Da schließlich auch der Pfarrer – er war ähnlich jung wie der Bürgermeister und auch erst kurze Zeit im Amt – sofort auf die *alte Tradition* des Leonhardsritts zu sprechen kam, rückten die Studierenden dieses Ritual ins Zentrum des Beitrags, den sie gemeinsam für ein Heimatbuch verfassten, mit einer genauen Schilderung des dreifachen Ritts und mit Bildern, die sie von einem Journalisten bekamen.

Nicht nur die Lokalzeitung, auch die regionale Presse und sogar eine der großen Zeitungen des Landes griff danach das Thema immer wieder einmal auf. Sicher auch deshalb, weil es mit ganz verschiedenen aktuellen Problemaspekten zu verknüpfen war – der wachsenden Zahl der Pferde, obwohl diese doch in der Landwirtschaft weithin durch Maschinen ersetzt waren, der bäuerlichen Arbeit, von der sich Viele abgewandt hatten, aber auch der erstaunlichen Beteiligung an dem Umritt, bei dem neuerdings auch einzelne Frauen und Mädchen auf den Pferden saßen. Aber wichtiger war den meisten Autoren der Artikel die ungebrochene Vitalität des Brauchs und die magische Dreizahl, die mit Elementen der keltischen Mythologie in Zusammenhang gebracht wurde; da in der NS-Zeit das *Ahnenerbe* der alten Germanen allzu oft bemüht wurde, waren es jetzt die Kelten, die den Kontinuitätsbedarf süddeutscher Heimatforscher befriedigen mussten.

Der Professor, der beim Dorfabend den Vortrag hielt, ließ sich auf derartige Spekulationen nicht ein. Er sprach vom hohen Alter des kirchlichen Brauchs, und seine Betrachtungen über die Dreizahl führten in archaisches Gelände, aber er behauptete keinen konkret definierten Ursprung. Im Anschluss an den Vortrag wurden, angeregt durch den Pfarrer, noch einige Fragen an ihn gestellt; vor allem interessierte die Zuhörer, ob man denn den Leonhardsritt so auch an anderen Orten kenne. Den Leonhardsritt durchaus, antwortete er, es gebe eine ganze Reihe von Ortschaften, in denen Anfang November eine Leonhardskapelle das Ziel einer Pferdeprozession sei – nicht nur in Deutschland, sondern auch in Österreich, in Italien und Frankreich. Aber er kenne keine Hinweise auf einen dreifachen Umritt. Dies sei ein – er zögerte einen Augenblick und sprach das Wort dann mit einem Anflug von Ironie aus, weil es eher in Organisationsdebatten als in kulturgeschichtliche Erörterungen gehörte – es sei ein *Alleinstellungsmerkmal* für die Gemeinde. Seine Distanz zu dem Ausdruck spielte keine

Rolle – die Feststellung wurde, vor allem von den Verwaltungskräften und den Gemeinderäten, als wichtige Botschaft aufgenommen.

Am Leonhardstag brachte die *Landesschau* abends Ausschnitte aus dem Vortrag des Professors, der auch sonst ab und zu als Experte in dieser Sendung zu Wort kam. Ein findiger Redakteur hatte dazu im Archiv altes Bildmaterial ausgegraben. Es war der Schwarzweißfilm, der unter so großen Schwierigkeiten entstanden war. Aber an diese Schwierigkeiten erinnerte sich niemand mehr. Was die technische Panne ausgelöst hatte, war zur heiligen Dreizahl geworden.

Playback

Auf keinen Fall! Frau Aufsieder sagte das in einem Ton, der erkennen ließ, dass sie nicht umzustimmen war. Aber Zacharias gab noch nicht auf. Es gehe schließlich nicht um den Titel *Koch des Jahres* oder andere kulinarische Auszeichnungen, es gehe nur um die Aktivität in der Küche und darum, dass diese recht ins Bild gerückt werde.

Er kann nicht kochen, sagte Frau Aufsieder, und auch das klang endgültig.

Aber als Sie in der Klinik waren, drängte der – fast hätte Zacharias gesagt: *der Tauchsieder*, denn so sprach man von ihm im Freundeskreis, aber er fing sich noch ab: ...*drängte Ihr Mann immer nach Hause, weil er noch kochen müsse.*

Ja, Päckchensuppen, präzisierte Frau Aufsieder: *Er ist ein Fan von Maggi; Madschi sagt er, so werde es ausgesprochen, und wenn er einen Anhänger von Knorrsuppen trifft, kann er sehr poetisch die Vorzüge seiner Marke präsentieren.*

Sehen Sie, warf Zacharias ein, *das ist doch etwas.* Und er müsse ja nur in die Töpfe füllen, was weithin schon vorbereitet sei. Und selbstverständlich würde man dafür sorgen, dass er vorher von einer Fachkraft eingeführt werde.

Frau Aufsieder lachte. *Da braucht es zwei Semester Volkshochschule, und danach wird er immer noch mit Zucker salzen.*

Sie sind überkritisch. Zacharias versuchte es von einer andern Seite: Er selbst habe im Piemont eine kulinarische Woche mitgemacht bei einem Koch, der schon mit Jamie Oliver gearbeitet habe; da habe man sich zwei-, dreimal an der Vorbereitung des Essens beteiligt, und seither habe er daheim ein Diplom hängen: *Joachim Zacharias, cuoco eccellente.*

Frau Aufsieder schluckte eine spöttische Anmerkung und sagte nichts.

Zacharias lenkte ein: Er verstehe ja ihre Bedenken. *Aber,* fügte er hinzu, *es ist seine letzte Chance.* Dabei breitete er die Arme aus, um zu zeigen: Daran kommt man nicht vorbei. Es wäre unfreundlich gewesen, Frau Aufsieder die verpassten Chancen zu servieren. Es war auch nicht nötig, sie kannte sie alle. Statt dessen skizzierte Zacharias die Lage, indem er von der Amtsinhaberin sprach. Sie habe den Amtsbonus, und der bestehe nicht in erster Linie in der Auflistung dessen, was sie erreicht habe (und sie habe ja, das müsse man zugeben, einiges erreicht) – er bestehe in dem Bild, das man von ihr habe, in ihrem Image, und daran sei vor allem das regionale Fernsehen beteiligt. Sie lache nicht nur bei allen Einweihungen und Gedenkfeiern in die Kamera, sondern inszeniere sich auch sonst: Mal sehe man sie Mühle spielen mit den Bewohnern eines Altenheims, mal sitze sie in den engen Bänken einer Grundschulklasse oder schlendere über den Wochenmarkt, immer sei das Fernsehen dabei, und neulich sei sie mit zwei ganz bekannten Köchen am Herd gestanden. *Und deshalb –*

Frau Aufsieder winkte ab: *Nein, keine Kochschau.*

Zacharias war verärgert. Er sprach nun doch von den vorausgegangenen Versuchen, freilich nur in Andeutungen. *Fußball war nichts.* War ja tatsächlich nichts: Aufsieder sollte den Ball von der Seitenlinie für den Anstoß in die Mitte kicken und trat mit vollem Schwung darüber, zum Jubel der Zuschauer, und es war schwierig genug, das Fernsehteam zu überzeugen, dass diese Szene nicht gezeigt werden solle. *Kiga war auch nichts.* In der Tat: Aufsieder hatte sich steif zwischen den niedrigen Möbeln und den Spielzeugen bewegt, ins Mikro gesagt, die Betreuung müsse ausgebaut werden, und, vom Aufnahmeleiter aufgefordert, mit den Kindern zu sprechen, hatte er sich an ein vielleicht zweijähriges Mädchen mit der Frage gewandt: *Bist Du denn schon trocken?* Bei der großen Blumenausstellung hatte man ihn veranlasst, einen Strauß zu kaufen für seine Frau; aber er bezahlte nur und veranlasste die Floristin, den Strauß seiner Frau zu geben – auch das keine Szene, mit der man punkten konnte. *Deshalb –*

Frau Aufsieder schnitt ihm das Wort ab. *Nein,* sagte sie, *es reicht!*

Zacharias ließ nicht locker. *Es reicht eben nicht. Wir haben einen beachtlichen Teil der politisch Interessierten im Boot, aber wir brauchen auch die Andern, und wir sollten die Möglichkeit, sie zu erreichen, nicht auslassen. Viele lesen keine Zeitung; aber sie sehen fern. Und sie wollen nicht, nicht nur den fleißigen Politiker sehen, sondern den –* er suchte nach einem Wort, das nicht so pathetisch klang wie *den Menschen.*

Frau Aufsieder kam ihm zuvor: *den einfachen Bürger, gewiss. Aber keinen Kochlehrling mit zwei linken Händen.*

Aber es muss doch irgendein Hobby geben, bei dem er eine gute Figur macht?

Es ist ihm nicht wichtig, was er für eine Figur macht –

Ich weiß, das ist ja gerade sympathisch an ihm. Aber was tut er denn in seiner Freizeit?

Er liest. Zeitungen, manchmal auch Bücher. Und viel Freizeit hat er ja nicht.

Und er ist in keinem Verein?

Er zahlt Mitgliedsbeiträge an ein paar Vereine. Aber er ist nicht aktiv.

Sport. Wandern. Briefmarken – na ja, das wäre auch nicht besonders fotogen. Singen. Was ist mit Singen?

Hm. Er hat früher einige Zeit mitgesungen im Oratorienchor. Aber nicht besonders begeistert. Und auch nicht besonders gut.

Aber das wäre doch eine Möglichkeit!

Eine weitere Möglichkeit, ihn unmöglich zu machen. Unmöglich als Stadtoberhaupt.

Das sehe ich anders. Es ist eine Frage der Inszenierung.

Seine Stimme können Sie nicht weginszenieren!

Doch. Genau das. Denken Sie doch an Peking!

An Peking??

Ja, an die Eröffnung – nein, die olympische Schlussfeier war es.

Die olympische Schlussfeier? Ich habe sie angeschaut.

Ich auch. Vielleicht erinnern Sie sich an die hübsche kleine Chinesin, die gegen Ende eine Hymne – vielleicht auch keine Hymne, irgendein gefühlvolles Lied –

Ich erinnere mich. Nach all dem bombastischen Aufwand war das ein eindringlicher Moment. Ich hätte weinen können. Sie sah nicht nur gut aus, sie hatte eine wunderschöne Stimme.

Sie hatte gar keine Stimme. Es war, das ist später bekannt geworden, die Siegerin eines Schönheitswettbewerbs, und

sie hat nur die Lippen bewegt. Gesungen hat eine in China
berühmte junge Solistin, aber die war nicht hübsch genug.

Frau Aufsieder nahm dies enttäuscht, ja empört zur Kenntnis; sie zweifelte an der Seriosität dieser Nachricht, fragte sich sogar, ob sich Zacharias das nicht ausgedacht habe. Jedenfalls verstand sie, worauf ihr Gesprächspartner hinaus wollte. Sie wehrte sich mit allen erdenklichen Argumenten; vor allem betonte sie, ihr Mann sei nun einmal keine Schönheitskönigin. Das konnte Zacharias nicht widerlegen; aber er malte den Plan – mit dem er keineswegs schon angerückt, sondern der ihm im Gespräch eingefallen war – so lebhaft aus, dass Frau Aufsieder die heitere Seite empfand und auch ein wenig Schadenfreude über die Düpierung des Publikums antizipierte. Diese Überlistung sollte nach Zacharias' Vorstellung allerdings nicht der Schlusspunkt sein; vielmehr sollte der Tauchsieder, nachdem er den Beifall entgegengenommen hatte, den tatsächlichen Sänger – und er habe da auch schon den richtigen Mann, seinen Vetter Otto Zacharias, der regelmäßig einen Chor dirigiere und eine tragende Baritonstimme besitze – zu sich auf die Bühne holen und den Trick aufklären. Das gebe ihm ein Image heiterer List und gleichzeitig rückhaltloser Ehrlichkeit.

Frau Aufsieder war nur halb überzeugt; aber die andere Hälfte steuerte ihr Respekt vor dem Engagement von Zacharias bei, der schließlich kein bezahlter Wahlkampfmanager war und auch kein verkappter Lobbyist, der nach einer gewonnenen Wahl mit Belohnungen rechnen konnte, sondern ein Freund, der sich selbstlos mit den Zielen ihres Mannes identifizierte. Sie sagte nicht Ja, aber sie sagte auch nicht mehr Nein, und so nahm die Geschichte ihren Lauf.

Die Freunde, die alle die Kandidatur Aufsieders unterstützten, freuten sich über die Idee und stellten gemeinsam Überlegungen zur Verwirklichung an. Ein isolierter Auftritt kam selbstverständlich nicht in Frage; sie waren sich einig darin, dass die Überraschung in irgendein Event eingebaut werden müsse. Otto Zacharias, der Dirigent, kam ihnen zu Hilfe: Er verwies auf die *Nacht der Musik*, eine große Open-Air-Veranstaltung; *Crossover*, betonte er mehrfach, und er schob eine für alle verständliche Übersetzung nach: *für jeden etwas*.

So war es. Vivaldi, zeitlos gefällig, machte den Anfang. Der Schnitt zum folgenden Potpourri Wiener Kaffeehausmusik war nicht allzu hart. Danach wurden die Chöre aktiviert. Ausschnitte aus den *Carmina Burana* gingen fast unmerklich über in eine Bearbeitung von Volksliedern, deren sentimentale Tönung aufgefangen wurde in lustigen englischen Seemanns-Songs. Und dann kam der entscheidende Augenblick. Der Dirigent verschwand hinter dem Vorhang, der die mächtige Bühne nach hinten abgrenzte, und er kam auch nicht zurück, um für den anhaltenden Applaus zu danken. An seine Stelle trat der Erste Geiger des Orchesters; er ging zum Mikrophon und kündigte als nächsten Programmpunkt an, dass in einem Solo das Heimatlied der Stadt geboten werde. Dieses Heimatlied, das vor rund einem Dutzend Jahren vom städtischen Archivar gedichtet und von einem alten Lehrer in Töne gesetzt worden war, kannten die Leute von der einen und anderen Aufführung – wirklich populär aber war es nicht geworden. Das lag möglicherweise daran, dass es nur die üblichen Requisiten enthielt: Berg und Tal, Wiesen und Wälder; auf den vielsilbigen Namen der Stadt ließ sich so wenig ein Reim finden wie auf den Fluss, der sich am Rand der Altstadt hinzog, und auch sonst bot sich keine der örtlichen Besonderheiten für die Strophen an. Es waren drei Strophen, und als vierte Strophe wurde in der Regel die erste wiederholt.

Dies muss erwähnt werden, weil es beim Auftritt Aufsieders eine verhängnisvolle Rolle spielte. Er trat ans Mikrophon, nicht allzu selbstbewusst, aber doch seiner Sache sicher, denn er hatte seinen Part, nachdem er sich von seinen Freunden und auch von seiner Frau hatte überreden lassen, gewissenhaft geübt: Den Text, den er auswendig kannte, hatte er nicht nur immer wieder stumm vor dem Spiegel artikuliert, auch die pantomimische Begleitung zu Otto Zacharias' Gesang hatte er trainiert. Die Überraschung glückte, der Beifall kam, als er auf die Bühne trat, mit Verzögerung, aber dann intensiver und länger als beim Auftritt des Dirigenten. Auch die Darbietung glückte. Das Orchester, dem der Erste Geiger den Einsatz gab, nahm sich zurück, wie es in der Probe vereinbart war; der Sologesang rückte ganz ins Zentrum, Aufsieder fühlte sich zunehmend sicherer, bei der zweiten Strophe – er hatte registriert, dass der Bariton die Lautstärke etwas erhöht hatte – stand er mit geschwellter Brust und weit geöffnetem Mund und ließ so den Kehrreim ausklingen, und bei der dritten streckte er den rechten Arm aus, als wolle er den Resonanzboden vergrößern, um dem Lied die perfekte Schwingung zu geben. Dann aber lief das Projekt aus dem Ruder.

Was tatsächlich passierte, ließe sich wohl nur durch umständliche Nachfragen bei den Hauptbeteiligten rekonstruieren, und vielleicht nicht einmal das. Merkwürdigerweise waren nämlich schon am nächsten Tag – vielleicht sogar im unmittelbaren Umfeld der Veranstaltung – zwei Versionen im Umlauf. Der eine Teil der Zuhörerinnen und Zuhörer berichtete, Aufsieder habe sich nach der dritten Strophe einen Seitenschritt vom Mikrophon entfernt und sich verbeugt in Erwartung des Beifalls, gleichzeitig aber sei, mit immer noch anschwellender Lautstärke, die vierte, die Wiederholungs-strophe ertönt. So sei es gewesen, sie hätten es schließ-lich ja miterlebt. Andere aber – und auch sie beriefen sich auf die eigenen Sinne – stellten den Vorgang so dar, dass das Playback endete und der Sänger geschwiegen habe, Aufsieder dagegen habe sich mit gesteigerter Gestik und Mimik dem mit den Lippen geformten stummen Text der vierten Strophe hingegeben, ohne zu bemerken, dass sein scheinbarer Gesangseifer nicht mehr durch wirkliche Töne abgesichert war.

Der Widerspruch war seltsam. Gerichtspersonen und Verkehrspolizisten, die es mit Zeugenaussagen zu tun haben, hätten sich allerdings kaum gewundert; sie erleben es ständig, dass Menschen nicht nur dann Un-mögliches behaupten, wenn es in ihrem Interesse zu liegen scheint – der Augenschein bekräftigt sie in ihrer Aussage, ist aber nur bedingt ein Garant der Wahrheit. Und sicher war es auch von Bedeutung, dass beide Ver-sionen in den gleichen Befund mündeten: Das raffi-niert ausgedachte Arrangement hatte nicht funktio-niert, der Plan war gescheitert, Aufsieder hatte nicht das Image eines großen Sängers gewonnen, das man frei-lich auch gar nicht anvisiert hatte; aber er hatte auch keine Chance, das Ganze als heiteres Verwirrspiel er-scheinen zu lassen. Otto Zacharias kam zwar wieder ans Mikrophon und reichte Aufsieder die Hand; aber der entzog sich, ging rasch durch die Reihen des Orchesters und verschwand von der Bühne.

Abgeschlossen war die Geschichte damit nicht. Die beiden Lokalzeitungen berichteten über den Vorfall nicht detailliert, aber doch mit maliziösen Andeutungen. Und die Leute sprachen darüber – das Ereignis blieb Thema, vielleicht gerade auch deshalb, weil sich die Gesprächspartner oft nicht einig waren über das, was vorgefallen war. Aber die allgemeine Aufmerksamkeit hatte eine merkwürdige Konsequenz. Der Bekanntheitsgrad von Aufsieder hatte sich schlagartig gesteigert, und kurioserweise auch seine Popularität; sein Übername *Tauchsieder* war plötzlich in aller Mund, und in einer Debatte des Gemeinderats soll es vorgekommen sein, dass ein Mitglied die Befürchtung äußerte, mit einer bestimmten Entscheidung arbeite man nur Tauchsieder in die Hände – was die Chefin und Gegenkandidatin, ob sie es wollte oder nicht, rügen musste. Die zynische Maxime mancher Politiker, es komme nicht darauf an, *wie* über einen berichtet und gesprochen werde, sondern *dass* über einen gesprochen werde, fand eine gewisse Bestätigung. Aber gewiss spielte auch eine Rolle, dass der harmlose Skandal ein Gegengewicht hatte in der unaufdringlichen, freundlichsachlichen Art von Aufsieder. Er wurde gewählt – und das ist die eigentliche Pointe der Geschichte.

Das falsche Leben

Meine Partner waren überrascht. Sie könnten sich durchaus auch weiterhin auf den Sonntagvormittag einstellen – und ich müsse auch nicht das Argument mit der Frühmesse auffahren, die man vorher besuchen könne; sie hätten sich an die Zeit gewöhnt. *Nein*, sagte ich, jetzt sei es zwei, nein: zweieinhalb Jahre nach meinem Kopf gegangen, da sei es wirklich nicht mehr als billig, dass ich mich nun nach ihnen richte, drei gegen einen, das sei eine qualifizierte Mehrheit, und es mache mir bestimmt nichts aus. Sie widersprachen zuerst noch und nannten einige Gründe für die bisherige Lösung, aber immer untermischt mit dem altruistischen Motiv, dass man mir entgegenkommen wolle; am entschiedensten betonte das Max, der aber nicht ganz sein Interesse verbergen konnte, den Sonntagabend frei zu halten. Ich blieb stur. Schließlich stimmte Lea zu, die offenbar *meinen* Altruismus nicht ins Leere laufen lassen wollte, und das gab den Ausschlag für die neue Regelung: Zwei Stunden Doppel am frühen Sonntagabend, und natürlich nach dem Duschen der gemütliche Ausklang, bei dem man zunächst eine kritische theoretische Nachbearbeitung der Spiele durch Max und Anja über sich ergehen lassen musste – *Am Netz hättest Du ihn gekriegt! Mit der australischen Aufstellung kommt Ihr nie zurecht. Ich wusste, dass sie mit long line nicht rechnet. Aber den Stoppball hättest Du mir nicht zugetraut!* –, ehe ein munteres Gespräch über alle möglichen Themen entstand.

Ich gebe zu, dass ich mit der neuen Vereinbarung sehr zufrieden war, dass ich aber eben deshalb ein schlechtes Gewissen hatte. Was ich in Max' Argumentation durchschaut hatte, traf erst recht auf meine Haltung zu: Ich pochte – nicht laut, aber doch vernehmlich – auf meine Bereitschaft zum Verzicht, aber in Wirklichkeit lag mir viel daran, die neue Terminierung durchzusetzen. Ich hatte mir, seit wir am Sonntagmorgen spielten, angewöhnt, am Abend die *Lindenstraße* anzuschauen. Ich hatte früher schon, in längeren Abständen, einige Folgen gesehen und wollte mich eigentlich nur vergewissern, dass sich nichts geändert hatte. Diese Erwartung wurde auch nicht enttäuscht. Ich ärgerte mich, wie früher, über die Konzentration aufregender Ereignisse auf wenige Familien in enger Nachbarschaft (was freilich schon im Titel angelegt war) und mehr noch über den Aktualitätsdruck, unter dem die Drehbuchautoren standen. Aids und Hartz IV, Neonazis und Tsunami, Afghanistan und Fukushima – in der Lindenstraße kam alles an; jetzt ging es gerade um irgendeinen Gammelfleischskandal, der die Lindensträßler empörte. In der zweiten Woche wollte ich nur sehen, ob sich der Skandal auch auf den Umsatz der Imbissbude in der Straße auswirke, was der Fall war, und damit sollte es dann aber auch genug sein. Nur – bei der Pianistin deutete sich eine Schwangerschaft an, der Arzt war tablettensüchtig, der türkische Großvater ahnte nicht, dass das Enkelkind nicht von seinem Sohn war, Doktor Dressler hatte Steuern hinterzogen, Tanja war zur Messi geworden und lebte zwischen Umzugskisten und Müll – genügend offene Situationen, von denen man eigentlich schon wissen sollte, wie's weitergeht. Kurz, ich war gefangen, und außerdem verschaffte der kontinuierliche Ärger über einige besonders dümmlich entworfene Personen der Serie eine eigentümliche Befriedigung. Nicht dass ich jeden Sonntag gebannt vor dem Bildschirm saß; es reichte aus, in Abständen einigermaßen auf dem Laufenden zu bleiben, aber den radikalen Abschied wollte ich nicht

Doch dann kam Silke. Wir kannten uns schon länger, beschlossen aber, endlich zusammen zu ziehen, und es begann das spannungsreiche, aber durchaus friedliche Koordinationsverfahren, in dem Erwartungen und

Gewohnheiten ausgesiebt und nach Möglichkeit zur Übereinstimmung gebracht wurden. Der Zugang zur *Lindenstraße* wurde dabei von Silke so strikt gesperrt, dass diese Fortsetzungsgeschichte ein für allemal zu Ende schien. Es handelte sich dabei nicht nur um einen Ausdruck ihrer Geschmacksorientierung (mit der ich sympathisierte) und eine punktuelle Aversion, sondern um eine sehr prinzipielle Einstellung. Silke ist eine heitere Person, sie hat lustige Einfälle und ist spontan auch für spielerischen Unsinn offen; aber sie ist nicht bereit, Unsinn als Programm zu akzeptieren. Sie war ganz generell dagegen, dass wir uns von den Medien in unserer persönlichen Kommunikation einschränken ließen, und ganz entschieden wandte sie sich gegen Sendungen, die nicht wenigstens einigen Informationswert hatten. Ich versuchte anfangs, sie von ihrer prinzipiellen Haltung weg zu bringen; ich machte die Rechnung auf, dass die intellektuelle Kapazität des Fernsehprogramms trotz allen Ausreißern nach unten erheblich größer sei als die von zwei nicht-virtuellen Personen, und ich lobte auch die gelegentliche Ablenkung und die Entlastung durch Angebote, bei denen man gerade nicht neues Wissen aufnehmen und neue Probleme verarbeiten müsse; aber sie blieb bei ihrem Standpunkt. Sie nahm Zitate zu Hilfe, *Bilderflut und Dauerbeschallung sind Zivilisationszerstörer*, stehe bei

Sibylle Lewitscharoff (die ich nicht kannte), und man dürfe *kein falsches Leben im richtigen* dulden, habe schon Adorno gesagt (den kannte ich). Ich erwiderte, nicht ganz ohne triumphierenden Unterton, bei Adorno stehe gerade das Gegenteil: es gebe *kein richtiges Leben im falschen*; aber Silke sagte, das sei nicht das Gegenteil, sondern laufe auf dasselbe hinaus – womit sie zweifellos recht hatte.

Ich war so verliebt, dass ich selbst dann eingelenkt hätte, wenn ich von meiner Einstellung hundertprozentig überzeugt gewesen wäre; aber es gab ja auch kein wirklich bündiges Argument dafür, dass man Sonntag für Sonntag in der Lindenstraße einkehren müsse – und außerdem war ich schon sehr zufrieden damit, dass Silke die gelegentliche Übertragung von Fußballspielen oder anderen Sportereignissen nicht schlechterdings zum *falschen Leben* rechnete, dass sie daran vielmehr selbst interessiert war, sachkundige Kommentare abgab und meine mitunter irrationalen Emotionen mit freundlicher Ironie akzeptierte. Den frühen Sonntagabend jedenfalls konnte ich für das häusliche Fernsehvergnügen abschreiben; so kam ich zu meinem Terminvorschlag für unser Tennisdoppel – wahrscheinlich auch deshalb, weil ich es mir als schwierig vorstellte, die *Lindenstraße* in Reichweite zu haben, den Zugriff aber verweigert zu bekommen.

Als sich alle Spieler, mich eingeschlossen, an die neue Regelung gewöhnt hatten – es muss nach fünf oder sechs Wochen gewesen sein –, kam es zu einer von mir ausgelösten Unterbrechung, die sich auch nicht schnell korrigieren ließ. Beim Versuch, einen Lob noch zu erreichen (eigentlich ist es ja gleichgültig, wie es zu dem Unfall kam; aber ich erwähnte dies, gewissermaßen als ehrenvollen Einsatz, bei jedem meiner oft wiederholten Berichte) – bei diesem Versuch also knickte ich um, die Sehne war gerissen, die drei bewegten vorsichtig das Bein, um zu einer sicheren Diagnose zu kommen, dann rannte Max zu seinem Auto und holte den Verbandskasten, und Lea, die darin Erfahrung hatte, legte mir einen Streckverband an. Max fuhr mich nach Hause. Er stützte mich, als ich die wenigen Treppen hinaufhüpfte; dann bestand ich darauf, dass er weiterfahre – ich wollte den Schrecken für Silke möglichst klein halten und vermied es deshalb, quasi in der Begleitung eines Sanitäters zu erscheinen.

Ich schloss die Tür leise auf, Max stellte noch meine Tasche in den Gang und verschwand dann, indem er seinen Arm mit nach oben gestrecktem Daumen ausstreckte – nicht gerade ein Siegeszeichen in diesem Moment, sondern ein Wunsch für rasche Genesung. Ich wunderte mich, dass mir Silke nicht entgegen kam; sie hatte offenbar nichts gehört. Ich setzte mich auf das niedrige Schränkchen im Flur, streifte den zweiten Schuh ab und war im Begriff, Silke zu rufen; ich hätte es zu theatralisch und vielleicht auch zu beängstigend für Silke gefunden, wenn ich ihr entgegengehüpft wäre. In diesem Augenblick hörte ich ihre Stimme. Sie war am Telefon. *Du bist ja doch da!* sagte sie. Wahrscheinlich sprach sie mit ihrer Schwester, oder auch mit ihrer Kollegin, mit der ihr Kontakt auch am Wochenende kaum einmal abbrach. Unter normalen Umständen hätte ich nun die Wohnzimmertür geöffnet, hätte mich leise hineingeschlichen und Silke zu verstehen gegeben, dass sie auf mich keine Rücksicht nehmen und ruhig weiter telefonieren solle. Aber die Umstände waren nicht normal; wäre ich in der Tür erschienen, hätte Silke bestimmt gleich einen Schrei ausgestoßen und das Telefongespräch nach einer kurzen Erklärung abrupt beendet. Deshalb blieb ich sitzen und achtete nur darauf, dass der geschädigte Fuß möglichst unbelastet blieb.

Ich war zwar ein wenig neugierig, wen Silke an der Strippe hatte, aber nicht sonderlich interessiert an ihrem Gespräch; doch weil ich sonst nichts zu tun hatte und weil man bekanntlich die Ohren nicht einfach schließen kann, hörte ich zu und konnte akustisch auch fast alles aufnehmen. Silke erwähnte unseren Spaziergang und sagte dann, dass sie an dem gemeinsamen Entwurf *herumgedacht und herumgemacht* habe (sie sprach also mit der Kollegin!). Ich fürchtete, es komme jetzt zu einem langen Austausch von Überlegungen und Vorschlägen, die eigentlich in die Dienstzeit gehörten – aber dann nahm das Gespräch eine Wendung, die ich zunächst nicht recht verstand und die ich auch dann nicht wirklich begriff, als ich das Gesagte in die richtige Schublade eingeordnet hatte. *Ja, einigermaßen*, sagte Silke, und nach einer kurzen Unterbrechung: *Der Spur nach.* Die folgenden Bemerkungen sagten mir gar nichts; deutlich wurde, dass sie irgend etwas nicht verstanden hatte und um Aufklärung bat. *Ich war einfach zu lange raus*, sagte sie dann. Ich überlegte. Tennis? Sie hatte früher, vor Jahren, einige Zeit gespielt, aber das war sicher kein Thema zwischen den beiden. *Ja schon*, hörte ich dann, *aber das ist doch gar nicht ihre richtige Mutter.* Nicht die richtige Mutter?? *Er ist Türke, das weiß ich schon.* Kleine Pause. *In dem Café?* Pause. *Im »Akropolis«, klar. Also, das finde ich ja fast schon wieder gut, wie sie den Zufall hinkriegen, dass sich die richtigen Leute im »Akropolis« treffen.* Lange Pause; wahrscheinlich hat die Kollegin Beispiele dafür an der Hand. *Und die Helga!* ruft Silke aus, *die Frau Beimer.* Kurze Pause. Dann wieder: *Immer penetrant hilfsbereit in purer Egozentrik. Den Typ gibt's natürlich – ich glaube, deshalb ist sie einem so unsympathisch.* Pause. *Ja, sicher. So ein bisschen Mutter der Nation – aber das ist für mich kein Ehrentitel.* Erneut eine lange, sehr lange Pause. Dann fragt Silke zurück: *Wie meinst Du das mit dem Strafkatalog?* und nach kurzem Schweigen: *Ach so, der war auch im Gefängnis. Siehst Du, ich habe einfach zu lange pausiert.* Wieder Schweigen, also wieder Erklärungen vom andern Ende der Leitung. Schließlich: *Ja, wahnsinnig liberal. Aber gleichzeitig wird ja doch demonstriert, dass man mit Liberalität nicht durchkommt.* Längere Pause, und dann: *Nein, reaktionär nicht, aber wahnsinnig altmodisch bei all dem modisch-alternativen Aufputz.*

Ich habe zunächst, mindestens in Gedanken, den Kopf geschüttelt: Es geht – das festzustellen braucht es keine geniale Kombinationsgabe – um nichts anderes als die *Lindenstraße.* Und jetzt registriere ich plötzlich, dass ich nicke: heftige Zustimmung. Ich bin drauf und dran, das Versteckspiel zu beenden, ins Zimmer zu hüpfen und Silke zu versichern, dass wir uns ganz und gar einig sind über die Sendung. Aber eben noch rechtzeitig kommen mir Bedenken. Silke muss sich ja doch ertappt fühlen, dingfest gemacht im *falschen Leben,* von dem sie sich so demonstrativ distanziert hat. Ich entschließe mich zur Rücksichtnahme. Ganz entgeht es mir allerdings nicht, dass ich mir mit dieser Rücksicht eine überlegene Position sichere: Jederzeit könnte ich mein geheimes Wissen aufdecken, und solange es geheim bleibt, versetzt es mich in die Lage, den Informationsvorsprung auszuspielen, ohne ihn preiszugeben.

Ich hüpfe die paar Schritte zurück zur Haustür, öffne sie leise, drücke die Klingel und nehme den Schlüsselbund in die Hand; ich höre, wie Silke sich am Telefon schnell verabschiedet, dann kommt sie mir entgegen, sagt erstaunt: *Du schon?*, sieht meinen Fuß, erschrickt – ich mache eine abmildernde Handbewegung und berichte, ein bisschen zu ausführlich von dem Lob, *Du weißt schon, ein Ball, der über Dich weg geschlagen wird*, und dann von der Diagnose und der Hilfe der Mitspieler. Was folgt, sind Erörterungen über die Dauer der Beeinträchtigung und Erwägungen, ob ärztliche Hilfe zwingend notwendig ist, wahrhaftig kein Grund, über die *Lindenstraße* zu debattieren. Aber mich reitet dann doch der Teufel: *In der Lindenstraße*, sage ich, *entschuldige, aber es fällt mir grade ein, in der Lindenstraße kam auch einmal ein Sportunfall, und den haben sie erst bekämpft mit Schmalz und Beinwell (ich glaube, so hieß es, irgendsoeine Salbe), und dann ist der Junge – der – Moment, nein, ich weiß nicht mehr, wie er hieß, der ist dann mit Komplikationen in der Klinik gelandet.* Silke schaut etwas irritiert, fragt schnell nach, *welche Komplikationen?* Ich antworte, dass ich das auch nicht mehr genau wisse, und überhaupt brauche man ja eigentlich die

Lindenstraße nicht, um richtige Entscheidungen zu treffen, es sei mir nur eben so durch den Kopf gegangen.

Silke nickt, und plötzlich strahlt sie, wie immer, wenn sie einen guten Einfall hat. *A propos Lindenstraße*, sagt sie – ich wisse ja, dass sie nicht viel davon halte (*ich weiß*, sage ich schnell, *das falsche Leben…*), aber, meint sie, solange ich auf meinen Sport verzichten müsse und aufs Sofa verbannt sei, habe sie nichts dagegen, wenn ich rückfällig werde und mir die neuen Folgen ansehe. *Das ist lieb von Dir*, sage ich, aber ich wolle sie ja doch auf keinen Fall am Sonntag aus der Wohnung verbannen. Und sie erwidert: *Ach, das sieht man dann schon, vielleicht schau ich mir's ja mit an* – und als ich sie mit gespieltem Erstaunen ansehe, sagt sie noch: *Man muss sich ja nicht unbedingt fundamentalistisch verhalten.*

Am darauffolgenden Sonntag saßen wir tatsächlich gemeinsam vor dem Bildschirm, um die neue Folge der Serie zu sehen. Ich musste mich erst wieder hineintasten in den seltsamen Kosmos der Straße – offenbar war eine neue Familie eingezogen, die Bedienung im »Akropolis« hatte gewechselt, und die kesse Jackie wohnte nicht mehr bei Doktor Dressler. Ich gab mich noch ahnungsloser, als ich war: Verführung für Silke, mit Wissen auszuhelfen, das sie eigentlich gar nicht haben durfte. Aber sie hielt sich zurück, und wenn sie etwas von der vorausgegangenen Folge ins Spiel brachte, formulierte sie es als Frage oder als rein hypothetischen Einwurf. *Wahrscheinlich kennen sich die beiden ja von früher*, sagte sie beispielsweise; oder auch: *Kann es nicht sein, dass das die Freundin von Klaus arrangiert hat?* Ich ließ mich darauf ein, stellte meinerseits Erwägungen an, die Silke meistens in Zweifel zog. Es war ein harmonischer Abend; wir gaben ein Ehepaar, das eine gemeinsame Liebhaberei pflegte – und das nie ins *richtige Leben* aufgebrochen war. Wir spielten die Rollen glaubhaft, abgesehen davon vielleicht, dass die Aufmerksamkeit auf die Bildschirmszenen zu ungeteilt, die Diskussion der Vorgänge zu eifrig war, denn der Reiz des Fernsehens liegt ja doch weithin darin, dass es weder die gesammelte Aufmerksamkeit noch die ausführliche Kommentierung verlangt.

In den wenigen Wochen meiner Rekonvaleszenz kamen wir dem normaleren Verhalten sehr viel näher. Am Sonntag gegen Abend schaltete Silke den Fernseher ein – allerdings nicht einfach so, sondern jedes Mal mit einer Bemerkung, die deutlich machte, dass es sich um eine Freundlichkeit mir gegenüber handle. Manchmal zurückhaltend, manchmal aber auch in leicht aggressiver Ironie: *Auf zu Deinem Stammplatz im »Akropolis«… Achtung, Frau Beimer erwartet Dich schon…* Ich muss zugeben, dass ich mehr als einmal versucht war, den Spieß umzudrehen und meine heimliche Beobachtung als Waffe zu verwenden; aber ich beherrschte mich, und wenn Silke sagte: *Keine Nebenbeschäftigung bitte, Gabi Zenker verlangt volle Konzentration...*, dann erwiderte ich nur: *Das gilt aber auch für Dich!*

Wir waren uns aber, ohne Verständigung darüber, einig, dass volle Konzentration eigentlich nicht gefragt war. Manchmal schauten wir beide auf die laufende Sendung und unterhielten uns dabei über ganz andere Dinge; ein leises Zischen oder auch nur eine Berührung am Arm genügte, wenn eins von uns dann doch genau hören wollte, was irgendein Lindensträßler zu sagen hatte. Als mein Fuß nicht nur mir in Ordnung schien, sondern auch vom Arzt als heil definiert wurde, nahm ich vorsichtig die sportliche Betätigung wieder auf. Ich verabschiedete mich also am Sonntagabend von Silke – aber ich bat sie, ihre Prinzipien doch mir zuliebe für eine halbe Stunde zu vergessen und mir später zu berichten, was in der Lindenstraße Neues passiert war. Silke runzelte die Stirn und erklärte dann nachsichtig ihre Zustimmung, wobei sie das *Dir zuliebe* betonte.

Ich glaube nicht, dass es sich lohnt, unsere weiteren Gespräche zu dem Thema zu rekapitulieren. Mir ist der ganze Vorgang wohl nur deshalb im Gedächtnis geblieben, weil ich in meiner Haltung, meiner Zurückhaltung, eine beachtliche moralische Leistung sah. Nicht dass ich dauernd damit gespielt hätte, die Rückblende auf Silkes Fehlverhalten (das war es ja doch wohl!) zu öffnen; aber hin und wieder war mir danach zumute. Doch selbst als Silke sich von mir trennte, behielt ich die Geschichte für mich. Allerdings, als ich zu ihr beim Abschied sagte, für sie sei es wohl auch eine Abkehr vom *falschen Leben*, da konnte ich einen Anflug von Spott nicht vermeiden. Ich weiß nicht, ob sie das gemerkt – und ob es sie gar misstrauisch gemacht hat.

Das Literarische Trio

Auszug aus dem Protokoll der Startsendung

MRR Damit kommen wir zum letzten der Bücher. Ich denke, wir können uns kurz fassen. Ich will nicht verhehlen, ich bedaure, dass dieses Buch zur Besprechung vorgeschlagen wurde. Der Sender – ich sagte es schon – hat uns fast auf die Hälfte der Zeit reduziert, und da müsste die Konzentration auf *gute* Literatur eigentlich oberstes Gebot sein. Dies hier ist aber keine gute Literatur.

HK Das ist Ihre Einschätzung!

MRR Nicht nur. Das Buch enthält eine kurze Vorrede, eine sympathisch kurze Vorrede – ich vermute, der Verleger hat sie ohne Wissen des Autors hineingeschmuggelt. Da steht der Satz, der zur Beurteilung völlig ausreicht und die Belanglosigkeit dieser Veröffentlichung demonstriert. Hier steht: *Dies ist kein gutes Buch.* Einverstanden!

HK   Aber verehrter Herr R, das ist doch eine ironi-
      sche Feststellung, und selbstverständlich stammt
      sie vom Autor.

MRR   Umso besser. Es ist die klügste Bemerkung im
      ganzen Buch, sie ändert aber nichts an der Be-
      langlosigkeit. Gut, der Autor kokettiert mit der
      Belanglosigkeit, aber er hat leider damit den
      Nagel auf den Kopf getroffen.

HK   Wir sollten vielleicht zunächst – also, es sind
      rund ein Dutzend kurze Erzählungen –

MRR   *Kurze* Erzählungen, was zweifellos ein Verdienst
      ist; fast alle Bücher sind ja zu lang mit Ausnah-
      me der Telefonbücher und der Wörterbücher.
      Aber in diesen Erzählungen –

HK   In diesen Geschichten geht es um eine Zwi-
      schenwelt, die einen immer größeren Platz in
      unserem Leben einnimmt; es geht um die Über-
      formung unseres Alltags durch die Medien; es
      geht darum, dass wir einen Teil der Wirklich-
      keit, einen immer größer werdenden Teil der
      Wirklichkeit gar nicht mehr unmittelbar erle-
      ben, sondern dass sich immer schon die Per-
      spektive des Fernsehens dazwischen schiebt.
      Zum Beispiel –

MRR   Das mag ja als Diagnose für große Teile unserer
      Gesellschaft zutreffen; aber ich leite daraus eine

völlig andere Verpflichtung für die Literatur ab. Sie ist dazu da, unmittelbares Erleben und volle Wirklichkeit zu retten. Es ist nicht meine Aufgabe, Sie zu überzeugen; aber ich bitte Sie, doch meine Situation, unsere Situation zu bedenken: Die Dauer der Sendung wurde reduziert; sie wurde auf einen ungünstigen Programmplatz verlagert; das Quartett wurde – aus Einsparungsgründen, wie es heißt – zu einem Trio zurückgestuft, und der dritte Mann – das geht nicht gegen Sie persönlich, Herr H – der dritte Mann ist ein Sportexperte, der naturgemäß zu literarischen Fragen nichts Substanzielles beitragen kann.

WH   Ich bin hier –

MRR Sie brauchen sich nicht zu verteidigen; ich weiß, dass dieser Regieeinfall nicht von Ihnen gekommen ist.

WH   Ich habe geduldig zugehört, aber ich meine, es ist ein Gebot des fair play, dass ich die Chance bekomme, meine Position zu erklären.

MRR Bitte, bitte.

WH   Ich bin hier als Vertreter der normalen Leserschaft. Ich kann Ihnen versichern, dass dies nicht das erste Buch ist, das ich in diesem Jahr gelesen habe. Aber ich bin tatsächlich an diesem

Buch besonders interessiert, weil es ja mindestens in der Hälfte der Beiträge den Sport zum Thema macht.

HK In der Hälfte der Beiträge?

MRR Ich muss gestehen, davon habe ich nichts bemerkt, glücklicherweise nichts bemerkt. Ich finde nicht, dass die Einbeziehung von Fußballspielern als Qualitätsmerkmal für Literatur taugt.

HK Sie sagen, in der Hälfte der Beiträge – das überrascht mich. Ich erinnere mich nur an die Geschichte von der Champions League, wo es aber ja gerade die Pointe ist, dass das Spiel im toten Winkel bleibt, dass der Sport also keine große Rolle spielt.

WH Das sehe ich anders: Das Spiel selbst wird ausgespart; aber es geht dem Mann nicht aus dem Kopf und bleibt so ständig gegenwärtig; gerade dadurch kommt seine Bedeutung zur Geltung. Es kann sich übrigens nur, ich habe mich sofort erinnert und habe auch nachrecherchiert, es kann sich nur um das entscheidende Achtelfinalspiel zwischen Werder und Juventus Turin handeln, das in der Spielzeit zweitausend-

MRR Bitte verschonen Sie uns mit den Einzelheiten. Es mag ja sein, dass der eine oder andere Hörer sich dafür interessiert, aber –

WH   Also Werder hat das Hinspiel 3:2 gewonnen, aber im Rückspiel 2:1 verloren, und weil die Auswärtstore doppelt zählen –

MRR   Zurück zu unserem Thema! Ich denke, wir können uns schnell darauf einigen, dass Hin- und Rück- und Auswärtstore in der Literatur nicht unbedingt gefragt sind. Fußballstadien und Bibliotheken, Sport und Literatur – das sind getrennte Sinnbereiche, zwischen denen es keine vernünftige Verbindung gibt.

HK   Na ja. Ich erinnere mich an einen Deutschlehrer, der auch Sport – nein, es hieß Leibesübungen, darin gab er auch Unterricht. Der besprach mit uns oft die Ergebnisse der wichtigsten Spiele, und ich erinnere mich, dass er immer *Werter Bremen* sagte. Und ich bin ziemlich überzeugt, dass er *Werter* mit th geschrieben hätte.

WH   Da fällt mir ein, dass ich damals, als Bremen 2:1 verloren hatte –

MRR   Ich bitte Sie inständig, verschonen Sie uns mit Ihrer Statistik!

WH   Ich wollte nur erwähnen, dass ich damals in meinem Kommentar von *Werders Leiden* gesprochen habe, Werder mit d natürlich, aber eben als Anspielung auf Goethe.

MRR Danke, wir haben schon verstanden! Ich würde es aber begrüßen, wenn wir endlich auf unser Hoheitsgebiet zurückkehrten. Die Mehrzahl unserer Hörer dürfte nämlich in einer geistigen Verfassung sein, die sie vor dem Massensport bewahrt.

HK Ich weiß nicht. Walter Jens ist am Montagmorgen grundsätzlich zum Hausmeister des Seminargebäudes gegangen und hat sich mit ihm über die Spielergebnisse ausgetauscht. Fußball ist nämlich sozialer Kitt in unserer Gesellschaft. Aber wir sollten tatsächlich auf den Erzählungsband zu sprechen kommen – und soweit ich sehe, ist *Champions League* ja doch die einzige Sportgeschichte im ganzen Buch.

WH Aber nein! Darf ich – ich weiß nicht, ob ich in der Eile alle Geschichten zusammen bringe. Der Mensch in der Klinik sieht jedenfalls eine Sportsendung an.

HK Er sieht *auch* eine Sportsendung an, weil er eigentlich alles ansieht.

WH Ja, aber auch eine Sportsendung. Und der Intendant höchstpersönlich eilt nach Hause, um die Sportschau zu sehen –

MRR Was mich überhaupt nicht wundert!

WH Beim Familientag der Müller blenden sie drei Fußballer ein; der Bürgermeisterkandidat muss ein Fußballspiel eröffnen; und der Mann, der seine Frau erwischt –

HK   Bei der Lindenstraße erwischt!

WH   Richtig. Der kommt vom Tennismatch.

MRR   (*lacht*) Sie haben mich vollständig überzeugt: Das Buch gehört in Ihre Sportsendung, ich überlasse es Ihnen bereitwillig, und vielleicht können wir uns ja darauf einigen, dass es mit Literatur nicht viel zu tun hat. Nicht alles, was zwischen zwei Buchdeckel geraten ist, ist für mich auch schon Literatur.

HK   Ich bin nicht Ihrer Meinung –

MRR   Was ich ja beileibe nicht verlange!

HK   Natürlich ist Literatur nicht nur ein technischer Begriff. Aber ich erinnere mich, dass Sie einmal gesagt haben, ein Geschichtenband sei so stark wie die stärkste der Geschichten. Ich finde hier beileibe nicht alle Geschichten grandios, ich habe immer wieder kleine Manierismen entdeckt; aber einzelne Stücke kommen erfreulich leichtfüßig daher und haben ein anständiges Niveau.

MRR   Mir geht es gar nicht um das stilistische Niveau. Ich finde den ganzen Ansatz verkehrt, unnötig – Papierverschwendung.

HK   Sie sind sehr streng –

MRR Hand aufs Herz, Herr K, würden Sie dieses
     Buch zu Weihnachten verschenken?

HK   Ihnen natürlich nicht –

MRR Ich bin Ihnen sehr verbunden für diese Rück-
     sichtnahme!

HK   Ich würde es vielleicht auch nicht meiner Frau
     schenken. Vielleicht aber doch; es ist –

WH   Für alle Sportfreunde ist es ein sehr reichhaltiges
     Buch. In sechs Geschichten –

MRR kommen Sportereignisse vor, gewiss. Aber Sie
     haben mich nicht davon überzeugt, dass das ein
     Qualitätsmerkmal ist. Ich habe mir sagen las-
     sen, dass Sie nach einem Spiel Ihrer Lieblings-
     mannschaft eine ›Weißbierdusche‹ erhalten. Ich
     weiß nicht genau, wie sich das anfühlt; aber für
     mich ist die Beschäftigung mit diesem Buch
     am Ende der Sendung eine geistige Weißbier-
     dusche. Wenn ich so höre, wie mein Freund K
     das Buch verteidigt, gibt mir das zu denken.
     Aber ich halte es nun einmal für keinen literari-
     schen Gewinn, wenn ein junger Schnösel seine
     ganze Erfahrung aus dem Fernsehen schöpft
     und daraus Geschichten bastelt.

HK   Aber der Verfasser ist doch kein junger Schnösel!

WH   Ich habe eben nachgerechnet. Er ist natürlich
     jünger als Sie, aber –

MRR   Sie spielen etwas oft auf mein Alter an, mein Lieber; aber darum geht es doch gar nicht. Da ist jedenfalls ein Autor, dem nichts Besseres einfällt, als nachzuerzählen, was er am Abend vorher auf dem Bildschirm gesehen hat.

WH   Was nicht nur er auf dem Bildschirm gesehen hat. Man darf es doch nicht gering schätzen, wenn abends eine Familie oder eine kleine Runde am Tisch sitzt, gemütlich, ein Glas Paulaner vor sich –

HK   Bitte, Herr H!!

MRR   Ich muss gestehen, dass mir Gemütlichkeit immer etwas unheimlich ist. Aber das ist hier nicht das Problem. Ich sehe die Aufgabe der Literatur nicht darin, dass sie jeder modernen technischen Entwicklung nachrennt und daraus Kapital schlägt.

HK   Aber das tut der Autor doch gar nicht! Im Gegenteil: Das ist doch eher ein altmodisches Buch. Ein nostalgischer Rückblick auf eine Zeit, in der das Fernsehen die Nation vereinigt und oft auch geeinigt hat. *Einer wird gewinnen, Wetten dass…, Marienhof, Der Kommissar* – das war einmal eine Art Generationenvertrag: Alt und Jung vor dem Bildschirm. Aber das war einmal. Die heutigen *Digital Natives* –

MRR Die heutigen was – ?

HK *Digital Natives*, die Eingeborenen der digitalen
Welt; die Jungen, die mit dem Internet aufge-
wachsen sind, die kennen nicht mehr das Leit-
medium Fernsehen, die sitzen stundenlang
am PC, produzieren Blogs und klicken sich in
Twitternachrichten ein; ein paar schreiben schon
Twitteratur, lassen also auch die Literatur in
den Büchern zurück. Und wenn sie auf den
Bildschirm schauen, bewegen sie sich dort selbst
in der Gestalt ihrer Avatare, bewegen sich im
Second Life. Fernsehen dagegen gehört zu *Real
Life*, mit dem sie – zumindest in ihrer Freizeit –
nicht mehr viel zu tun haben.

MRR Ich fände es angemessen, wenn wir, auch im
Blick auf unsere Zuhörer, zu einer verständlichen
Sprache zurückkehrten. Aber Sie haben jedenfalls deutlich gemacht, dass dieses Buch, in dem
so viel von Medien die Rede ist, die tatsächliche
Situation der Medien verfehlt. Vielleicht ist es
ja ganz gut für die Literatur, wenn die Leute
nicht mehr so viel fernsehen.

WH Also, bei Spielen der Nationalelf sind es meistens mehr als 40 Prozent, und überhaupt ist bei
Sportsendungen die Quote –

MRR Die Quote, die Quote! Ich weiß nicht, wie viel

Menschen uns jetzt zusehen, aber ganz sicher keine 40 Prozent. Die Quote besagt für mich gar nichts. Bei den Privaten reimt sich Quote nur noch auf Zote, und auch bei den Öffentlich-Rechtlichen ist es oft schlimm, was wir uns manchmal über Stunden ansehen müssen.

HK   Beziehungsweise nicht ansehen müssen. Wir reden hier ja über Literatur, die nach wie vor ihre Liebhaber – und Liebhaberinnen findet. Trotz Fernsehen.

MRR *Trotz* Fernsehen! Aber ich wiederhole: Es ist nicht Aufgabe der Literatur, Fernsehen in gedruckter Form zu reproduzieren. Wir nähern uns dem Ende der Sendung, und ich finde, wir dürfen uns hier Gefälligkeitskritik nicht leisten. Gut, wir sind nicht dazu da, eine einheitliche Meinung vorzugeben. Sie haben das Buch zur Besprechung vorgeschlagen, Herr K –

HK   Und ich finde nach wie vor, dass manche der Geschichten – es sind ja keineswegs nur Sportgeschichten! – dass manche der Geschichten einen gewissen Charme haben –

MRR Meinetwegen, aber Charme ist keine verlässliche Bewertungskategorie. Es wird in diesem Quartett – Verzeihung, in diesem Trio unentwegt vereinfacht, das gilt sicher auch hier. Aber ich glaube, es ist ganz deutlich geworden, dass das Buch höheren literarischen Ansprüchen nicht genügt.

HK   So würde ich das nicht –

WH   Aber die Darstellung des Sports –

MRR Genug, wir können wohl alle dem Befund zustimmen, der schon auf der ersten Seite steht: *Dies ist kein gutes Buch.* Und so sehen wir betroffen / Den Vorhang zu und alle Fragen offen.

Inhalt